福州民俗文化丛书

福州古厝

FUZHOU GUCUO

曾意丹 / 著

海峡出版发行集团 | 福建人民出版社

《福州古厝》编辑委员会

编委会主任：梁建勇

编　　委：罗　健　　卢美松　　黄启权　　曾意丹
　　　　　　郑行栋　　方炳桂　　李乡浏　　林国清
　　　　　　徐鹤苹　　刘亚忠

摄　　影：（按姓氏笔画排序）
　　　　　　马少辉　　朱　兵　　杨秉纶　　何　明
　　　　　　张寒松　　林　果　　林　靖　　林耀先
　　　　　　周民泉　　郭义辉　　唐　贞　　黄荣春
　　　　　　曾　江　　曾意丹

绘　　图：何　明

再版说明

2002年5月，我社出版了曾意丹先生的《福州古厝》一书，由时任福建省省长习近平同志作序。该书是"福州民俗文化丛书"中的一种，详尽介绍福州地区各类古建筑，深入探究这些古建筑所蕴涵的人文信息，阐发其鲜明的地域和时代特色，生动展现了这座国家级历史文化名城的独特魅力。

2019年6月8日，在全国第十四个"文化和自然遗产日"来临之际，《人民日报》重新发表了习近平同志《〈福州古厝〉序》一文。这篇关于文化遗产保护的重要文章，对于保护好古建筑、保护好传统街区、保护好文物、保护好名城、保护好自然遗产，对于在全党、全民中大力倡导热爱文化、珍惜文化的情怀，对于我们更好地传承文明、增强文明自信，具有重要而深远的意义。

为满足读者的需求，兹修订再版。

福建人民出版社

2019年6月

序

　　福州派江吻海，山水相依，城中有山，山中有城，是一座天然环境优越、十分美丽的国家历史文化名城。福州的古建筑是构成历史文化名城的要素之一。

　　古建筑是科技文化知识与艺术的结合体，古建筑也是历史载体。当我们来到戚公祠，似乎可以感受到它正气宇轩昂地向我们介绍戚将军带领着戚家军杀得倭寇丢盔弃甲的战史。当我们来到马尾昭忠祠，它正语气凝重地向我们叙谈福建水师遭到法国军舰突袭奋起反抗的悲壮历史。当我们来到林文忠祠，它正眉飞色舞地向我们讲起，林公则徐气壮山河的壮举——指挥军民在虎门销烟的历史。当我们来到开元寺，它正自豪得意地向我们表述，大铁佛是我们的先人掌握高超的冶铸技术的证明——古建筑有着丰富的人文内涵。

　　保护好古建筑、保护好文物就是保存历史，保存城市的文脉，保存历史文化名城无形的优良传统。福建有福州、泉州、漳州、长汀四座国家级历史文化名城，这是福建的骄傲。另外，还有许多省级的历史文化名村、名镇。

　　作为历史文化名城的领导者，既要重视经济的发展，又要重视生态环境、人文环境的保护。发展经济是领导者的重要责任，保护好古建筑，保护好传统街区，保护好文物，保护好名城，同样也是领导者的重要责任，二者同等重要。因此，在经济发展了的时候，应加大保护名城、保护文物、保护古建筑的投入，而名城保护好了，就能够加大城市的吸引力、凝聚力。二者应是相辅相成的关系。

现在有些地方名城保护、古建筑的保护出现一些问题，根源就在于只顾眼前的一些经济利益，随意改变文物管理体制，将原为文物部门管理的文物保护单位移交别的部门管理。殊不知古建筑的保护、传统街区的保护、任何文物保护单位、文物保护点的保护，都需有专门业务知识和掌握国家文物法规政策才能保护好。福建也出现有这样的苗头，我们不希望出现问题，要求依法加强管理保护。

我曾有幸主持过福州这座美丽古城的工作，曾为保护名城做了一些工作，保护了一批名人故居、传统街区，加强了文物管理机构，增加文物保护的财政投入。衷心希望我的后任和全省各个历史文化名城的领导者比我做得更好一些。

保护好古建筑有利于保存名城传统风貌和个性。现在许多城市在开发建设中，毁掉许多古建筑，搬来许多洋建筑，城市逐渐失去个性。在城市建设开发时，应注意吸收传统建筑的语言，这有利于保持城市的个性。

《福州古厝》一书，林林总总，介绍福州城乡许多功能各异的古建筑，它将让人们了解名城的魅力，相信读者会从中受益的。

2002年4月

目 录

前　言

　　"古厝"是福州的方言。狭义指古老的房屋，广义则泛指古建筑。这就包括各种不同功能的建筑。如城防建筑（城池、堡寨、炮台），交通水利建筑（桥梁、驿路、古渡、街亭、陂塘、圳渠），宗教建筑（寺院、宫观、塔庙），文教建筑（孔庙、文昌阁、书院、书屋）等等。本书介绍的是福州地域城乡的古建筑。

　　建筑是科学技术与艺术的结合体，是历史与文化的载体。本书既扼要地从建筑学、规划学的角度讲述福州城乡建筑，更侧重从建筑作为历史与文化载体的角度来探究古建筑所蕴涵的人文信息（物质与精神两方面的信息）。

　　福州的古建筑经过历史的陶冶，逐渐形成了具有地域及时代特色，具有当地人群、族群民俗特色的建筑群。也就是说，福州古建筑既传承了中华民族建筑的本色，又形成了自己的风格。从一百多年前的古城照片中，我们看到了福州古城特有的风貌，极具个性，是一座如诗如画的山水之城。

　　新中国建立以来，特别是改革开放以来，福州城的规划与建设取得了很大成就。然而冷静地回顾我们的城市建设发展历程，不难发现，福州城与全国其他许多城市一样，存在着严重的隐忧——城市逐渐失去自己的个性，失去了自己的风格、风貌。特别是在征用土地进行房地产开

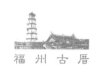
发时，有些人急功近利，过于追求眼前的经济利益，不注意生态环境与人文环境的保护，盲目地从海外克隆了许多洋建筑（适量地搬用一些外来建筑是允许的，滥则可悲），各个城市之间也互相克隆一些不中不洋的建筑。长此以往，极具个性的名城就将消亡。

福州是国家历史文化名城，建城历史悠久，传统文化积淀深厚。这座名城经历了沧桑巨变，而今跨入了新世纪，进入了知识时代、信息时代。一座名城犹如一本厚书，书中蕴藏着大量知识，记录了历史。不同时代的古建筑就是书中不同的页码。如果撕掉页码就意味着毁掉了许多知识，割断了城市历史。一座城市应尽可能地保护不同时代遗留下来的有代表性、有意义的建筑。愈是古建筑，它所经历的沧桑岁月愈长，所贮存的知识量就愈大。

唐山发生大地震时，唐山附近的蓟县，一座经历了900年风风雨雨的观音阁却岿然不动，安然无恙。震后学者们着手研究其稳如泰山的原因。他们研究了观音阁互相牵拉的木构架的力学结构，找到了其不倒的原因。换句话说，观音阁为人们提供了建筑防震、抗震的科技知识。再如福州马尾的昭忠祠，祠内有碑。祠与碑记录了清末中法马江海战这一段悲壮、惨烈的历史。

新经济时代科技文化知识很重要，但传统文化积淀的知识是否重要呢？牛顿就说过，他之所以能取得一些成绩，就是因为他是站在巨人的肩膀上。这"巨人肩膀"，指的就是前人积存的知识。

我们期望每一位公民都来爱惜有大量知识信息的古建筑。我们祈望每位领导者和公民都来保护我们的知识储存库。

福州的古建筑很有特色，可谓独树一帜，所以能取得这样的成就，自有其渊源。唐宋八大家之一的曾巩在散文名篇《道山亭记》中，道出了个中缘由："麓多桀木，而匠多良能，人以屋室钜丽相矜，虽下贫必丰其居。而佛、老子之徒，其宫又特盛。"福州所处周边环境，有大量优质建筑材料（好木材、花岗石），建筑工匠又特别有技能，民风民俗以重视建筑为荣。这一切使得福州古建筑取得很大成功。福州古建筑在中国建筑史上，应占有它应有的地位，但过去还少有人做深入调查和宣传。

回顾历史，自改革开放以来，全国100多座国家历史文化名城，在保护文物、保护古建筑方面的力度不尽相同。就单座城市而言，不同时期的保护力度也不同，甚或有起破坏作用的。福州这座名城，在邓小平南方谈话之后形成了新一轮改革开放的热潮，掀起了土地开发热。当时的市委市政府，面对好形势及出现的问题，采取稳妥的做法，公布了一批政府保护的名人故居（含典型民居），设立了文物局，拯救了一批有重要价值、不可再生的古建筑，加强了对历史文化名城的保护。这些措施随岁月的流逝，其意义将更为人们所认识和肯定。

本书图文兼顾，作者的拙笔，只能将福州古建筑介绍个梗概。冀望本书对从事城市规划与建设以及从事名城保护工作的人们了解福州城乡古建筑有所助益。更期望广大读者能更珍惜爱护古建筑，还祈望专家里手，能将中国名城古建筑的精髓更多地奉献给广大读者。

作　者
2001年冬

一、如画之城　山水之城

——从三百年前的古画说起

亘古以来，中国就有个美丽的神话传说：在海上，有三座仙山——蓬莱、方壶、瀛洲，都由巨鳌（灵龟）驮着，漂浮于海上。仙山中，有金玉砌筑的宫殿、亭台、楼阁，山中还有奇花异草，仙人与珍禽异兽怡然自得地生活在其间。传说还有长生不死药，于是历代帝王齐威王、齐宣王、燕昭王、秦始皇、汉武帝等都遣人入海寻觅不死药……缥缈的仙山，人们自古以来就是这样企望。在寻寻觅觅中，人们终于在闽江出海口发现了她——美丽的福州城，城垣包绕着三山的古城。

宋朝许敦仁写诗咏道："蓬莱方丈与瀛洲，东引长江（指闽江）欲尽头。几处坛场浑得道，万家楼阁半封侯。名园荔子尝三熟（指早、中、晚三熟荔枝），负郭湖田插两收（指双季稻）。七百年来遗谶事，钓台沙合瑞烟浮（古传：'南台沙合，河口路通。先出状元，后出相公'）。"

宋代，初到福州为官的陈轩就发现这是一座美如图画的山水之城："城里三山古越都，楼台相望跨蓬壶。有时细雨微烟罩，便是天然水墨图。"

明初，"闽中十子"之一的王恭也在长诗中盛赞这座城市美如图画："七闽山水多奇胜，秦汉封疆古来盛。无诸建国何英雄，赤土分茅于此中。荒城野水行人渡，细柳青榕旧宫树。……忽从图画见三山，正在无诸旧垒间。……"

谈到图画，说也凑巧，外国友人，加拿大多伦多博物馆的汉学家鲁克思先生（他曾在北京大学留学）在研究中国艺术和中国城市文化时，来到福州。他告诉笔者：荷兰阿姆斯特丹博物馆有一幅古代福州城图。

◎ 三百多年前的福州城实景图（原图藏荷兰阿姆斯特丹博物馆）

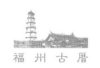
后来，他果真邮来了这幅古画的照片。笔者看后，喜不自胜。这幅古画真实记录了明末清初福州城的美丽风姿。

城图所绘时间及证史、补史作用

原画高100厘米，宽134厘米，是宣纸所绘。画用鹅毛笔题额。鹅毛笔是欧洲中世纪末至18世纪流行的笔。这是迄今为止所能见到的福州城最早的实景图，由画家采用青绿山水画的技法绘制而成。它能证史、补史，为城市建设史、城市规划学研究提供重要资料，也为研究艺术史、经济发展史及地理学提供了不可多得的实据。

画的右侧上方有一艘洋船，桅杆上有荷兰国旗，画家显然是中国人，所以所绘各面国旗的条纹排列不甚一致，但基本画出了荷兰国旗的意思。船上有洋人，着洋人冠服。船旁有一舟，舟上载有两个中国人和一番客。该船甚巨，船舷旁有炮眼。据史书记载，荷兰是欧洲最早利用坚船利炮向海外拓展商贸的国家之一。1624年，荷兰人侵占台湾南部。1626年，西班牙人入侵台湾鸡笼（今基隆）等地。1642年，荷兰人战胜西班牙人，独占台湾。1661年，郑成功发兵台湾，于次年赶走了荷兰侵略者。可见，此荷兰船只能在郑成功发兵之前或是荷兰被逐出台湾之后的一段时期，才有可能到达福州。

发兵之前，史书未见记载，另外此图右侧上部的直渎新港河口一带（今南公园东南），绘有小万寿桥和一座阿育王式石塔（祀河神用）。据鼓山道霈所撰的《河口万寿桥记》碑所载：该桥是鼓山僧成源与乡人在清康熙七年（1668年）募资建造的，同时还建造了一座阿育王石塔。由此可见此图只能是绘于康熙七年以后。据《清史稿·邦交志》载："（康熙）二十二年，和兰（即荷兰）以助剿郑氏功，首请开海禁通市，许之。"可见荷兰船能驶泊福州应在康熙二十二年（1683年）之后不久。具体是哪一年呢？据民国《连江县志·大事记》载：康熙二十五年（1686年）"秋，七月初六日，红毛夷泊四舟于定海"。定海是古甘棠港的水域，是福州城的外港。推想当年，荷兰四舟中之一舟驶入福州的情景，从所绘图上可见红枫叶和黄色树叶，与史志记载的时令相符，可见确是农历初秋七月驶入福州。如此，此图所呈现的福州城，距今已315年。

接着我们来探究画中所反映的明末清初福州城至今仍存在或已消失的建筑、场所、遗迹。

◎ 图画上的荷兰船

明代古城及南校场

明代福州古城，是洪武初年王恭在原唐末五代王审知所筑城的基址上重新用石头构筑而成的，清初仍保留明代原貌。画中将三山（屏山、乌山、于山）包揽在内。最北端的屏山，有意放大了山顶样楼（镇海楼）；于山突出鳌顶峰的巨岩，其西侧是护国禅院、观音阁（今大士殿），于山的东山为九仙观（今天君殿），在鳌顶峰与九仙观之间的平台上，还有一座今已消失的建筑荧星祠。

◎ 福州南门瓮城及南校场（今五一广场）

　　福州城正南门为宁越门，从图中可见是瓮城。宁越门楼前有两翼楼，正面还有一城墙门楼，形成重关瓮城，出入由翼楼门洞进出。这一直延续下来，我们将嘉庆二十二年（1817年）冬修城后所绘城图及百年前南门照片与之对照，可见其形式相符，仍是明代的风貌。

　　出南门原有河桥被树、屋遮挡，往南即今茶亭街，此街一直通往南台万寿桥（大桥），与今八一七路的走向基本相符。从图中可见一座带屋顶的桥即洗马桥。所跨河，现仍名东西河，即宋代外城（明代已毁）的护城河。《闽都记》云："洗马桥，南城外濠也，以木为梁。"

　　于山南、城墙南边为南校场（今五一广场），是古代驻兵、练兵的场所。从图中可见到场中央有一军队的大旗纛。该旗的前方有一建筑，前有石砌平台，类似检阅台。其东北小阜上有庙。查《闽都记》可知：南校场"广四里，东西为辕门，外有扬威坊（图中这两处皆被遮，见不到），中为阅武堂，东北为旗纛庙"。图中旗杆南面还可见一长条形大照壁。对照民国十七年（1928年）福州工务局出版的福州地图，还绘有南校场这一照壁。可见此照壁应是毁于1928年之后。阅武堂之西，据《闽都记》记载知为关王庙。关公被称为武圣，在练兵校场建此庙是可以理解的。在校场与洗马桥之间，还可见到一组池沼楼榭的建筑群——南园，明状元陈谨别业。

从水部门至新港河口

◎ 从水部门至新港河口一带

　　此图可见校场右侧，从水部门往东南，又形成一条街市。这条街市和现在的五一路并无重叠。这路直通南公园、河口新港一带。很显然新港河口一带在明万历年间已形成福州又一繁荣富庶的商贸区。原因就在明代"弘治间，督舶内监始凿新港（运河），以通大江，便夷船往来，土人因而为市"。

在图中可以看到从水部门通往东南的长街，靠近江边的有河渠、池塘包围的树丛和建筑群，就是河口尾、新港一带，这里现在是南公园至福州第二开关厂的地段。西边有两座桥通往东边，一座是平梁石板桥，另一座是石拱桥，这就是路通桥。按《闽都记》所载，这里有"进贡厂、尚公桥、控海楼、天妃宫、路通桥、五龙塘后浦……直渎新港"。图中经路通桥往东，可见到一座红色山墙的古建筑就是天妃宫，元代所建，至今其址仍在。再往东即小万寿桥，康熙七年（1668年）所建。过桥可见一座阿育王式石塔，是祀河神的地方。桥、塔附近有一大水塘，现已难见踪影。该塘即《闽都记》所载："五龙塘后浦，在高惠里一图，长三百丈。宋守蔡襄疏通水利，附郡城诸处，溉田至三千六百余顷，至今利之。"桥的西端可见一牌坊式门楼，里面即是进贡厂、控海楼、柔远驿。进贡厂是琉球船舶货物的存放处。柔远驿是琉球国使节及琉球商人、船员的住宿处。控海楼是接待琉球等外国贵宾的大楼，此楼早已无存，当年宏伟壮观、美轮美奂。

此图还可见到直渎新港，这条人工运河并不长。新港通江的西侧有一造船场，西头有些房舍，东头是类似船坞的工场，江边还停靠着可能是刚下水的可出洋航行的巨舰。我们从民国八年（1919年）福建陆军测量局出版的《福州城台地图》上，在直渎新港河口，还可见到"盐政、船厂"的标识。它就在"灰炉下"的东北。如果考古队在这一带进行考古发掘，应可探查到当年造船工场的情况。

这里造船的历史悠久，《三山志》卷七云："庆历旧记……官造舟，率就河口。"万历《福州府志》卷二十二云："防海之舟……

三卫旧各有厂。景泰间，始并为一厂，在河口。"郑和下西洋，有些船应是造于此。张经、戚继光抗倭的"福船"及明清册封使赴琉球的"封舟"，大部分也应造于此。可见福州造船业成绩斐然。

我们知道新港河口一带隔着瀛洲河对岸就是老鸦洲和鸭姆洲。然而此图见到的却是大江。这张图让我们看到了沧桑变化之巨。从图中可看到当时鸭姆洲还在江中，靠中洲非常近。洲中住着数户农家，房舍以竹丛和篱笆围护，四周全是稻田。经过几百年江水的冲积，鸭姆洲才移到现今位置。

万寿桥（大桥）、江南桥（仓前桥）与中洲、苍霞洲

◎ 中亭街至万寿桥、江南桥一带

从图中可见沙合桥（小桥）、中亭街。《三山志》及《闽都记》等文献记载，中亭街在北宋以前是楞岩洲，中亭街与安民崎之间的水面还

是很宽阔的。闽江水分三股往东流。王祖道任知州时，造浮桥就分成三段。宋仁宗时（1023—1063年），因闽江水的反复冲刷与泥沙沉积，出现了四次楞岩洲与安民崎之间的沙合现象，而且很凑巧，沙合后都有一两位福建人升任宰相，所以《挥麈前录》记有："初，闽人谣曰：'南台沙合出宰相。'至得象相时，沙涌可涉。政和六年，沙复涌，已而余丞相深大拜。十余年前，外舅方公务德帅福唐，南台沙忽再涌，已而朱汉章、叶子昂相继登庸。"

图中所见万寿桥与《闽都记》所载相符，有过街亭，系架空的两层街亭，屋檐翘角，轩轩若飞，配以长桥卧波，十分壮观。

在万寿桥与江南桥之间的中洲，我们见到了现已不复存在的中洲炮城的雄姿。

从图中还可见到清初时苍霞洲的另一番景象：稀疏地住着几户人家，洲中有些大榕树，还有池塘稻田。短篱笆围护的地方还种有一些苎麻、黄麻。

大庙山、越王台、上下杭、龙岭顶

从图中我们可以见到林木翁郁的大庙山，山上有越王台和镇闽王庙（抗战时毁）。汉高祖五年（前202年）册封无诸为闽越王，以及唐末翁承赞奉旨册封王审知为王，皆在此山。现此山为福州四中校址。

大庙山西有白马河及白马桥。大庙山南是繁庶的街市，已形成了上、下杭街及潭尾街。潭尾街一部分临江。三捷河与苍霞洲相邻，洲与大庙山路相连的是三捷桥，从图上看，当时的三捷桥是简支木柱桥。

◎ 大庙山、越王台、上下杭、龙岭顶一带

图中突出了龙岭顶这一古驿道，在没有万寿桥之前，即有此古驿道。此道由南台岛的阳岐经白鹭岭，再从上渡渡河至苍霞洲渡口。经星安桥到龙岭顶驿路，再往前东绕吉祥山与茶亭街合，直北可抵福州城南门。

绘画的艺术特色

　　这幅画气势恢宏，显系画坛高手所绘，画家对福州的点点滴滴极为了解。画家既采纳了传统的青绿山水的技法特点，又兼采风俗画的特色。在构图方面，则摆脱了传统的散点透视的表现手法，看来已基本掌握了西方的聚焦透视方法，使整幅画更具真实感，亦可作为实景地图用。当然也可看成一幅很好的写生作品。

　　就风俗画的风格而言，画家显然深受中国传统风俗画如张择端《清明上河图》的影响。万寿桥上有乘马行者、乘轿行者、驻足观景者、垂纶钓鱼者；洲渚上，有挑桶汲水者、有乘舟过渡者……诚然也是生动的民俗风情画。

　　我们不妨探寻一下这幅画出自何人之手。观赏此画，可知须对福州十分熟悉的人才能画，因而画家最可能是长期生活在福州，极有可能就是本地画家所绘。另这幅画极有气魄，应是画巨幛的能手才能绘。再者，这幅画构图时疏密处理，重点与次要的安排都十分精当，应有很高的艺术素养方能为。

　　根据以上这几点，结合中国美术史，福州有著名的许氏诗画世家，许豸之子许友，字有介，号瓯香，人称他诗、书、画三绝，但他主要生活在明末清初。许友子许遇，字不弃，亦兼擅诗、画，多巨幛，而他正好生活在康熙年间。所以，许遇有可能是此图的绘制者。此画未见落款，究竟是否为许遇所画，还有待进一步考证。

二、崇楼千尺　金城万雉

——城墙、城门楼、衙署、校场、要寨、炮台

　　城防建筑的主要功能就是保障护卫城市的安全。城防建筑主要有城、池（护城河）、城门楼、衙署、校场、要寨、炮台等。这些建筑无一不见证着千古沧桑的历史，也体现了历史陶冶的城市精神。

　　福州最早建的城叫冶城，是闽越国王都，从汉高祖五年（前202年）算起，已历2200余年，为无诸所建，城址在今城的东北隅。晋朝严高将城移建在越王山（屏山）南的小山阜上，称为子城。城市中轴线就是以屏山为起点，穿越乌山与于山之中。以后历代的城池就是沿这条中轴线不断拓展、延伸。到了唐末五代，王审知采用"举一生三"的规划思想，增

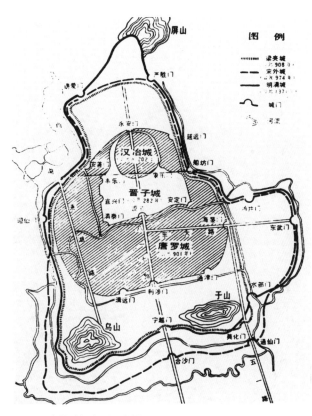

◎ 福州古代城垣变迁示意图

拓城池。他先建罗城，将子城包围其中，并用钱纹砖甃城。继而又在罗城南北筑夹城，将屏山、乌山、于山全包绕在城中。福州城成了全国唯一全部用砖包砌城墙的大都会，成了山中有城、城中有山的山水城市。

福州城垣几经兴废："宋初悉废堕，熙宁中，郡守程师孟始据旧子城修复，益拓其西南隅。咸淳中，又于郡外城增筑焉，盖已兼罗城之址，非皆晋子城旧制也。"南宋恭帝德祐二年（1276年）三月，都城临安被蒙古军攻克，皇帝及谢、全两太后均被俘。益王赵昰和信王赵昺逃至福州。张世杰、陈宜中、陆秀夫等人拥立赵昰为皇帝，是为端宗。威武军门改为行都之门，门内设厅改为垂拱殿，端宗即位于

◎ 百年前古城墙包绕乌山的景象

◎ 百年前屏山（越王山）北面古城墙残段与镇海楼

此，改元景炎。升福州为福安府，福州成了临时帝都。"元至元中，复废堕。至正末，平章陈友定稍缮完之"。明洪武四年（1371年），驸马都尉王恭大体在王审知所建城的基址上，重建福州城。整座府城全用石头砌筑。三面环水，北面隔着悬崖，万历《福州府志》说："高二丈一尺有奇，厚一丈七尺，周三千三百四十九丈。"真个是固若金汤。明代嘉靖年间（1522—1566年），倭寇多次侵扰，凭着这座坚城和军民的顽强抗击，倭寇始终未能进入城内骚扰。这座金城经明清两朝500多年的风风雨雨仍巍然屹立，直至民国后才渐被破坏，现今在于山及公正新村一带，仍保留着一些城墙残段。

◎ 一百多年前镇海楼前的七星井

◎ 百年前于山山麓古城墙

北门城楼是明驸马都尉王恭在跨山筑城时所建。此楼叫样楼，是诸城门楼的样式，又称镇海楼，古时为海舶昏夜入城的标志。镇海楼也是福州西湖的借景，诗人何振岱为西湖增题的八景，其中就有"样楼望海"。明代万历进士湖南邵阳人车大任，是一位政声颇著的好官，留有《登镇海楼》诗："越王山拥海潮流，山上嵯峨镇海楼。花月平临关塞晚，松风长送郡城秋。遥天雁断蒹葭冷，绝岛鲸翻鼓角愁。更是何人能借箸，东来保障拱皇州。"车大任生活在明晚期，内忧外患频仍，所以诗中抒发了作者忧国忧民的情怀。诗的末二句用了"借箸"的典故，说的是汉张良谒见汉王刘邦，刘邦正在吃饭，他对张说，客能为我提供撼动楚霸王强权的良策吗？张良答道，请借你吃饭的箸（筷子），为你筹划谋算。张良后来成了刘邦建立大业最重要的一位谋臣。车大任诗的意思是既需要金城崇楼保障拱卫皇州，更期望涌现治国安邦、保境安民的决策人才。镇海楼是古城标志性建筑之一，惜在1969年12月被人为拆毁。

南门城楼是在五代闽王王审知所筑夹城南门——宁越门旧址上建起的，共有三层，为歇山顶重檐建筑，巍峨壮观。两侧的翼楼也很宏伟。南门是重关瓮城，翼楼上有周将军祠。

城东南的南校场，我们在300多年前的福州古城图上已见到它当年的风貌。现在已变成美丽的五一广场。校场记录了历史的一幕又一幕：明嘉靖末，戚继光两次率戚家军援闽抗倭，曾在校场检阅、操练英姿勃发的戚家军。戚家军曾急行军三十里，攻破福清杞店、海口、牛田等倭巢，斩倭首数千，取得重大胜利。

明末清兵入关，崇祯皇帝吊死在景山，接着福王朱由崧即位于南京，建立了南明第一个政权。不久南京失陷，这时唐王朱聿键在郑芝龙、郑鸿逵及黄道周、张肯堂、曹学佺、张家玉等人拥戴下，于1645年

◎ 一百多年前的南门城楼及门内民居

闰六月二十七日即位于福州，建元隆武。福州改为天兴府，又一次成为临时帝都，领导南方各省的抗清斗争。被张家玉誉为"商彝周鼎"的黄道周力主出师北伐，收复失地。但郑氏兄弟拥兵自重，控制着隆武帝不肯北伐。黄道周不得不愤而请缨北伐，郑芝龙只拨给黄道周一个月的粮饷，不给军队，隆武帝给了空扎数百道，叫他自己募兵。福州民众听说要北伐，不约而同地汇集了七八千人。七月二十二日在南校场誓师北伐。沿途又招募了许多人，成了万余人的队伍，没有武器就用扁担、锄头、木棍为武器，人称"扁担军"。这支队伍兵败于婺源，黄道周被俘

◎ 一百多年前的南门瓮城

英勇就义。然而南校场（今五一广场）成了一种象征，她体现了民族之魂——国家兴亡、匹夫有责；她体现了福州的城市精神——为了振兴中华，众志成城、团结奋斗的精神。不是吗？请看：1919年5月北京爆发五四运动，福州青年学生迅即响应，5月7日在南校场集会游行；1933年11月20日上午，十九路军爱国将领蔡廷锴、蒋光鼐及陈铭枢领导组织军民在南校场聚会，发动反蒋抗日的"闽变"；1949年10月1日，福州民众在南校场庆祝新中国的建立……

作为军政指挥中心的衙署，绝大多数已不复存在，但仍存有故怀安县衙（福州府附郭有闽县、侯官、怀安三县，明初怀安并入侯官），位于洪塘西的石㟥江滨。怀安县于北宋太平兴国六年（981年）置，县治在芋原江北三十里，咸平二年（999年）移至此地，县署原为驿馆所在地，朱熹曾在此住宿过，留有《石㟥江行》诗，诗中有句云："停骖石㟥馆，解缆清江滨。中流棹歌发，天风水生鳞。名都固多才，我来友其仁。"诗中盛赞福州这座名都才俊辈出，人才济济。

◎ 怀安县衙署（芋原驿旧址）

◎ 宋、元、明巡检司衙门，
清为闽安协副将衙门

　　福州是座"襟江带湖，东南并海"的城市，其东南闽江入海口附近的闽安镇，历史上一直是交通海防的军事重镇。镇内至今仍存有巡检司衙门。闽安镇在宋天圣七年（1029年）设卫，元设巡检司，明洪武二年（1369年）仍建闽安巡检司衙门，清代此地又成了福建水师的副将衙门。现仍存仪门和正厅，门内有回廊与正厅相接，庭院中立有鸦片战争时期的报警碑，让我们感受到这里是军事重地。闽江之水从马尾至闽安，两岸丛山夹峙，束江成峡，江水流至闽安则豁然开朗，是为芦沙洋。闽安东濒江的南般村，在清初建有北岸炮台与江对岸长乐象屿建的南岸炮台共同控扼江面。清初，郑成功曾据闽安镇向福州城的清军进攻。郑成功退出闽江口后，顺治十五年（1658年）清廷特意在闽安镇的城隍顶加筑闽安镇城，实际上是个圆形的军事堡垒，占地面积3400多平方米，城垣每隔10米设一炮口。现该镇城仍残存有50多米的一段城墙。

◎ 闽安镇城残段

◎ 闽安南般北岸炮台（山顶的旋转炮台）

闽安镇斜对岸长乐市洋屿在清雍正年间建有三江口水师旗营，与闽安镇成掎角之势。洋屿与闽安镇之间江中小屿上还建有贠山水寨，壁垒森严。总之，闽安镇这一带是福州城闽江出海口的锁钥之地，是第二道防线。

第一道防线则是在闽江口北岸连江县电光山山顶的长门炮台与闽江口南岸琅岐岛的金牌炮台之间，这又是个闽江口的锁钥之地。

◎ 闽安南般北岸炮台（山下的平射炮台）

◎ 闽江出海口的长门炮台

◎ 负山水寨

◎ 马限山炮台

除了这两道防线，马尾的罗星塔、马限山、魁岐以及南台岛的濂浦均先后建有炮台。

这些城堡、军营、水寨、炮台经历了明代倭患、郑成功与清军的斗争、中法马江海战等多次战火的洗礼。

三、跨山越水　沟通城乡

——桥梁、驿路、街亭、古渡

古代福州的繁荣同样需要水陆交通的便利，这就要借助桥梁、古津渡、驿路、街亭。

名城福州的建筑文化是辉煌的，桥谱写了极具特色、极为精彩的一章。

一提起桥，人们总会将它和美丽的景致联系在一起。"二十四桥明月夜，玉人何处教吹箫"（杜牧），"蝉声驿路秋山里，草色河桥落照中"（韩翃），"枯藤老树昏鸦，小桥流水人家"（马致远）……古人咏桥的名句比比皆是。曾巩在任福州知州时，作过一首《夜出过利涉门》诗，利涉门是罗城正南门，出门就是罗城的护城河，河上为安泰桥。"红纱笼竹过斜桥，复观翚飞入斗杓。人在画船犹未睡，满堤明月

◎ 一百多年前的闽江万寿桥

一溪潮。"这首诗描绘了安泰河桥一派秦淮风情的美妙景致。陆游在福州也有一首《渡浮桥至南台》，诗云："客中多病废登临，闻说南台试一寻。九轨徐行怒涛上，千艘横系大江心。寺楼钟鼓催昏晓，墟落云烟自古今。白发未除豪气在，醉吹横笛坐榕阴。"陆游诗说的是福州的旧大桥（万寿桥与江南桥），当时还是浮桥。到元代，头陀寺僧王法助奉旨募缘造石桥，酾水29道，上翼以石栏，桥长170丈。现已重建一座现代化大桥。

福州城内多河，城外郊县有山川溪涧。福州盆地是闽江冲积而成的，有许多河、池、港汊，这一切都需要桥梁来解决交通问题，所以福州多桥。南屿、上街一带有古桥百座以上。

建造桥梁的灵感源于天然桥和树木。有些地方，因地震或其他自然力造成岩崖崩塌，形成天然梁板桥；有些喀斯特地貌地区，岩崖的溶蚀形成天然拱桥；有些树木由于自然原因，倒在山谷小溪涧上，成了独木桥。这些都给人以启示而造出桥来。福州城内也有这样的天然桥梁，那就是在乌山上的天台桥，它位于冲天台与东峰岩之间，有一天然石梁，形如雀舌架在其间，所以天台桥又称雀舌桥，桥下是通往道山亭的必经之路。

大自然有鬼斧神工般的创造力，人类更有师法自然并加以发展的创造力。就桥的构造来分，有四种桥式：梁桥、浮桥、索桥（又叫

◎ 自然形成的乌山天台桥

◎ 白马河上的彬德桥（为平梁与圆拱相结合的桥梁）

吊桥）、拱桥。古代福州没有索桥，但却有另一种桥式，就是一种梁桥与拱桥结合的综合桥式。我们在台江三保白马河上所见到的彬德桥就是这种桥式。这座建于清朝的桥，有二墩三孔，两旁是平梁桥，中间是圆拱桥。因为这个河道要从闽江驶进较大的有篷船，因而中间的桥孔采用圆拱形，桥面较高，两旁则是较低的平梁桥孔。这样这座桥就做到了省料、省工、省钱。这种桥式国内罕见，体现了福州造桥工匠的智慧和卓越的创造精神。

◎ 闽侯鸿尾碇步桥

◎ 闽侯溪源宫的古陂及陂上的碇步桥

梁桥中，较早的一种是碇步桥，又叫踏步桥、堤梁式桥。在山区小溪涧中仍有不少。闽侯鸿尾溪中及闽侯上街溪源宫旁古陂的滚水堤坝上，就有用方石块，隔一间距筑一石磴，以便人行，这就是碇步桥。碇步桥有单列的石磴，也有双列的石磴，一高一低并排铺开。溪涧中的碇步桥，就像钢琴上成排的琴键。当我们双足踏上"琴键"往前行，就像在弹钢琴，那清洌的溪水，穿过石磴，汩汩而流，发出了叮叮咚咚的声音，那不就是美妙的琴声吗？真是一派仙乐入耳。置身碇步桥上，真有难言的惬意。

正规的梁桥又分为平梁桥、弓形梁桥（中跨是水平的，边跨较低并倾斜）、悬臂墩多跨梁桥。福州多平梁桥、弓形梁桥。

福州现已发现几座唐代平梁桥，这是全国现存最早的一些平梁桥。其中两座单孔的，一座在仓山区林浦附近连坂村，石梁板上刻有"上元辛丑岁八月三日造"，"上元辛丑"即公元761年。另一座是南屿栖云岭下的栖云桥，石梁上刻有"上元甲（疑为庚）子壬戌岁五月□日栖云院□□□造"。两桥形式极相似，距今已1300多年。多跨平梁桥有闽安镇邢港水道上的迥龙桥，始建于唐末。

◎ 建于唐天宝年间的福清天宝陂

◎ 建于唐末的闽安镇迥龙桥

◎ 福清海口龙江桥，建于宋政和三年（1113年）

　　宋代，福州的桥梁建筑又有更大的发展，最著名的有福清海口龙江桥、福州仓山阳岐的午桥。古代漳、泉及兴化往福州有两条驿路。一经常思岭（今名相思岭）、穆岭、青布岭（青圃）、东峡江（今乌龙江峡口）、城门、梅坞，经江南桥、万寿桥入福州。另一条则是避峡江之险，从蒙山（今

◎ 阳岐午桥

文山）渡江至阳岐，经午桥、白鹭岭，再从上渡渡江，经法师亭（街亭）、星安桥、龙岭顶，经洋中亭、茶亭从南门进城。因而阳岐午桥是驿路上重要的桥梁。午桥所建年代，清末叶大庄有诗云："午桥人唤五门桥，元祐题名字未消。想得落成酾酒日，富韩司马正当朝。"

最让人赏心悦目的是位于闽侯上街榕桥村头的十四门桥：穿过古老的乡里之门，桥头有棵巨大的古榕树，可溪溪水潺潺流过，河对岸绿草如茵，绿野中三五丛荔枝树，浓荫匝地，不远处，便是秀美绝伦的旗山，十四门桥静卧在溪山之间。当你见到在烟雨空蒙中劳作竟日的农夫，在长桥上缓步荷锄而归的图景，那不就是桃花源里人家的景象吗？十四门桥始建于北宋元丰二年（1079年），至元丰八年竣工。一说此桥建于唐末，宋代是重修。

◎ 烟雨空蒙中的十四门桥

福州晋安区大北岭的宦溪桥是宋代一墩双孔悬臂平梁桥，另有一种山区桥梁的幽美意境，它是福州出北门越北岭古驿道的桥梁，这条驿道是折往东北宁德、福鼎并通向浙江温、台、处地区的要道，由于现代公路的发达，古驿道已少有人行，因而宦溪桥更有一种空谷清幽的韵味。

◎ 建于宋代的福州晋安大北岭宦溪桥

◎ 20世纪初的小万寿桥

　　福州弓形平梁桥著名的有南公园旁新港河上的小万寿桥，建于康熙七年（1668年），是悬臂石撑架的平梁桥。位于鼓楼高桥巷的高升桥，也是建于清代的二墩三孔石撑架平梁桥。位于闽侯南屿的合浦桥，建于宋代，四墩五孔。位于闽侯南通镇苏坂村的榕荫桥，建于宋代，清末陈璧重修，桥头分别植有四棵榕树。其中有一棵是宋代原植，树冠大如巨伞，主干需五六人方能合抱，该桥是名副其实的"榕荫桥"。

　　拱桥最长、最著名的是南公园旁河口尾的路通桥，建于宋代，共三孔。罗城护城河上的馆驿桥、观音桥皆单孔，建于明代。还有建于清嘉庆年间位于台江后洲的三通桥，共三孔，可惜其中一孔曾遭到人为严重破坏。还有重建于明成化十年（1474年）的螺洲孔庙泮池的三孔拱桥。罗源戈口久安桥为单孔拱桥，桥身长满藤蔓，犹如披上了绿绒衣，给人以沧桑感。

◎ 闽侯南屿合浦桥

◎ 闽侯南通苏坂榕荫桥

◎ 建于宋代的路通桥，从桥头看不到桥尾

◎ 建于清嘉庆时期的三通桥

◎ 罗源戈口久安桥

明代王世懋在《闽部疏》中说"闽中桥梁甲天下"，古代"闽中"指福州十邑，又说福州的桥梁不及泉州，总之认为：闽中、闽南桥梁是天下最好的。《闽部疏》还提到福州还在山谷、溪涧的桥梁上"上施榱栋"，即盖有廊屋。有廊屋的桥有两种：一种是平梁桥上加廊屋（桥亭），如罗城护城河上的金斗二桥、双抛桥；另一种是很有特色的斜撑架拱桥，桥形美观，又能遮风挡雨，桥上有长凳可供行人小憩，有的还有神龛，供着神灵。学者研究认为，廊桥是古代汴梁虹桥（飞桥）的变种。这种桥福州及闽东很多。福州及闽东的能工巧匠还将这种桥式传到浙江南部。福州闽侯廷坪建于明代的龙津桥、白沙建于清

◎ 罗城护城河上的金斗二桥

◎ 闽侯廷坪明代所建的龙津桥

◎ 龙津桥桥廊

◎ 建于清代的远济桥

◎ 建于明天启年间的水尾桥　　　　　　◎ 建于清代的店坂桥

代的远济桥，罗源县中房厚富村建于明天启年间的水尾桥，晋安区北峰日溪建于清代的店坂桥（俗称"多桥亭"），都为这种桥式。

福州的古桥，流传着许多有趣的故事，这里选录几则。

先说路通桥。《闽都记》云："在河口尾，宋建，古谶云：'南台沙合，河口路通。先出状元，后出相公。'"路通桥是宋桥，然而民间则传说是程咬金所建的唐桥。传说当时福州闹饥荒，程咬金上奏朝廷，说夜梦神人指示要在福州河口造桥。唐太宗问："要多少银两？"程奏："此桥长，从桥头看不到桥尾。"太宗准奏，程就建了路通桥，余下银两赈济饥民。后有人状告程所奏言过其实，皇帝派人察看，果然是桥头看不到桥尾。因为是拱桥，主拱高大，桥的驼峰高耸，挡住视线看不见桥尾。当地人民感激程咬金，因此桥栏的蜀柱上不刻狮子、莲花，而刻程所戴的国公帽形状（程咬金开国有功封为国公）。

十四门桥也有个故事。宋时，上街村有个林居广，是个急公好义且又孝顺的人。传说，有一年清明节，他为了往超山祭扫先祖之墓，来到了可溪渡口，此时渡船刚离岸不久，他大声呼叫，请船夫回航赶渡。但船夫却刁难他："你想急着渡过去，为何不造一座桥过去？"林听了十分气愤，随即将肩上的祭礼安置在岸上，对着超山祖坟遥祭，并立誓

◎ 十四门桥（从西往东看）

◎ 十四门桥桥头的古乡里门及古街

愿："我会立即回家筹划建桥以利乡民过渡。"他回去后积极筹划，这是急公好义造福百姓的事，他在众人的支持下终于修好这座大桥。

河口小万寿桥，也有类似的故事。此桥为鼓山僧成源与当地乡人柯应寀等共同募资建造的。历史上确有此两人，事见道需所撰的《河口万寿桥记》碑，但民间传说可能有艺术夸张的成分。传说成源及民众在龙津河段过渡，常受掌渡绰号"大巴掌"的气，而"大巴掌"为了赚钱，常超载渡客，终酿成翻船事故，这事深深刺激了成源，他斫断手臂，决心募化造桥。他的行为感动了许多人，终于募集到两千两银子，造成这座利民桥。

这些故事反映了自唐宋以来，福州各阶层民众及许多僧人，铺了许多路，造了许多桥的史实。说明了福州自古以来就有一种高尚民风：急公好义，助人为乐。

有驿路就有街亭，我们今天还能在穆岭古驿道见到街亭，亭内有长凳供人歇息。这类街亭残存不多了。古代不光驿道有街亭，福州城内的街巷也有过街亭。由于城市现代化建设，所余也不多了，如横街巷及杨桥路南高峰桥巷口附近就仍存有街亭。街亭边上大多有小庙。

◎ 龙岭顶古驿道南坡

◎ 龙岭顶古驿道旁关帝庙内遗存的建筑

◎ 仓山区盘屿村桥亭与街亭相连

福州的闽江及支流溪河上有许多古渡（古码头），福州方言有时也称为"道"或"道头"，现在留下原貌的也不多了。在闽侯旗山下南屿坎水，保留着宋代锦溪古渡，是在靠岸水中架设石板条砌成平台，岸边及水中还立有石柱，供泊船时系缆绳用。整个古渡保留原有风貌，十分珍贵。岸边立有宋代兴造古渡的碑文："句当林祐、林稷臣，僧应琛、必言、义端、超升，石匠张遂，处士张初自造。政和五年四月二十一日始建，五月

◎ 闽侯南屿坎水村的宋代锦溪古渡

◎ 马尾区亭江镇东岐村的古代魁龙道

◎ 连江县丹阳镇的戚军井

二十八日告成。"政和五年即公元1115年，距今已有886年。

另外，亭江怡山院滨江的马祖道，亭江东岐村魁龙礤旁的魁龙道（古称瀛洲大道），以及怀安芋原驿附近江滨的芋原古渡，都还能见到原有古渡的某些风貌。

福州还有许多著名古井，如连江的戚军井、仓山的濂浦宋井等等。

四、俊彩星驰　人杰地灵

——名人故居、典型民宅、纪念建筑

福州山水灵淑，人才荟萃，名人故居很多，如今保存下来的仍有不少。古建筑，尤其是名人故居有丰富的人文内涵；另一方面，多数的名人故居与典型民宅又都是建筑科学与艺术的结晶。

我们先谈谈这些建筑的人文内涵。

福州黄巷原南华剧场对面就是唐崇文馆校书郎黄璞故居遗址，到了清中晚期又先后成为梁章钜和赵新的住宅。梁章钜在自编的年谱中写道："壬辰（道光十二年，1832年），五十八岁……是年四月，因病奏请开缺……八月，回福州，进黄巷新宅。"他将原存的明代建筑重新修缮。他在年谱中又写道："是年修葺宅右小楼，榜曰'黄楼'。与同里诸耆旧以诗酒往来，辑《三山唱和集》十卷。"第二年"修葺宅左

◎ 小黄楼

◎ 小黄楼楼下两侧有廊与"雪洞"相连

◎ 小黄楼楼内的假山、池桥

小园，榜曰'东园'，分为十二景，有诗纪之"。显然这是一座很美的私家宅第园林。梁章钜是林则徐的朋友，他也是力主禁烟的爱国大臣，官至江苏巡抚兼署两江总督。他还是著作等身的著名学者，一生著作共有七十余种，重要的有《论语集注旁证》、《孟子集注旁证》、《文选旁证》、《浪迹丛谈》等，有些著作很有创意，如《楹联丛话》等。梁章钜宅后又归赵新，赵新也是翰林出身的饱学之士，曾在同治四年（1865年）任册封琉球国王的正使，促进了中琉友好，其人廉洁自守、拒却礼金。目前宅左的东园和隔壁经学家陈寿祺家的花园惜已毁坏，只有"小黄楼"还保存下来。

梁章钜命名居宅为"黄楼"，是纪念这里乃黄璞旧居遗址。见到这一遗迹又让人们温习了一段历史：唐末，黄巢起义军攻入福州，路过此地，"以璞儒者，戒无毁，灭炬而过"。这说明黄巢是尊重知识、尊重读书人的。而这条因黄璞及黄氏先人居住而命名的黄巷，名声更著。

位于乌山东麓的"第一山房"，是个清幽的地方，原先并不叫"第一山房"，它原有的范围较大，正好包容了乌山三十六奇景中的两大奇景：鳞次台和长乐台。鳞次台的巨岩上摹刻有米芾行书"第一山"三字，因而这一园宅被称为"第一山房"。

南宋时，黄朴居于此地，黄朴读书勤奋，他是宋理宗绍定二年（1229年）状元，字成父，历官著作佐郎兼崇政殿说书，知安吉州、泉州，官至提举广南东路常平。民间传说，他考中状元那一年的元旦（农历春节），清早一开门，便见对面房屋的镇脊陶狮（辟邪）从屋顶滚落下来，引得邻近群犬大吠起来，弄不清是吉是凶，不曾料到不久便大魁天下。至今仍流传着民谚："狮儿走，狗儿吼，状元在门首。"元末明初，其后裔黄济，官居审理，他修复了东麓山顶的鳞次台，连同山下园宅，统称为"鳞次山房"。

◎ 第一山房

◎ 邓拓故居

宋朝至黄朴中状元，仅福州地区就有七人中状元，可见福州文教之昌盛，科第之兴隆。这处园宅的西头，原存有黄氏家族的诗训摩崖题刻："祖居山下自唐迁，父老相传八百年。但使儿孙能守分，不令沧海变桑田。"惜这一摩崖题刻毁于20世纪70年代。但沧海仍会变桑田，就在元末明初，以学行著称的隐士吴海就借山房一隅筑斗室"闻过斋"，在此读书著述，有《闻过斋集》行于世。到了清乾隆时，这里又被翰林院侍读学士叶观国购为别墅，另署名"双榕书屋"。有意思的是，从叶观国起，叶家科甲连绵，世宦相继，曾创下五世八翰林的纪录，这在福建是空前绝后的，在全国亦罕有其匹。这里还真是地灵人杰。顺便提一下，叶观国的五世孙翰林叶在琦，后来成了名校福州一中的创办者。

清嘉庆初，此宅又易手诗人林材（号楚麓），此园宅正式被更名"第一山房"，光绪年间又归严家所有。邓仪中入赘严家，后中了举人，曾任知县，以后一直以教书育人为业。邓仪中有四子三女。其中老三邓叔群、老四邓拓均是中国科学院学部委员（院士）。邓拓曾任《人民日报》社社长兼总编辑，新闻、历史、诗、词、书法均有造诣。

进入"第一山房"，右侧迎面就是一块巨岩，岩上刻有林材的诗："鳞次台高势接天，百年乔木护云烟。休嗟陵谷湮池馆，且喜蓬壶近市廛。花鸟结成风月友，诗书留作子孙田。闲来徙倚层峦上，不尽岚光入翠巅。"旁署："嘉庆戊午，楚麓材偶题。"

再往前走便有石磴通向原鳞次台的台地，石磴往西原可通长乐台，现已被围墙阻断。山麓上，乔木丛竹，摇曳生风；花台中，蜂蝶鸣禽，婀娜起舞，确实是个读书的好地方。石磴旁的岩石上，刻着邓拓行书诗："当年风雨读书声，血火文章意不平。生欲济人应碌碌，心为革命自明明。艰辛化作他山石，赴蹈从知壮士情。岁月有穷愿无尽，四时检点听鸡鸣。"另一块岩石上则刻着林材的隶书"第一山房"。

◎ 林材诗石刻

◎ 邓拓纪念馆

　　进门左侧山麓下，就是连着门斗房的一座二层木结构楼房，楼下三间，楼上三间。现在"第一山房"已被辟为邓拓纪念馆，成为陈列邓拓生平的展览楼。

◎ 陈旸家乡的陈氏宗祠

◎ 漈上村的起傅岩　　　◎ 漈上村口的宋代古桥

　　陈祥道、陈旸故里在闽清县云龙乡漈上村，村口有纪念二陈的陈氏宗祠。陈旸是宋代大音乐家、理学家，著有《乐书》200卷。

　　张元幹故居遗址在永泰县城北。故居围有院墙，门前有旗杆石。门楼屋檐下为重叠斗拱，门额上有张氏世代功名题名匾。院内原有三进建筑。

　　张元幹原居于永泰嵩口月洲村，他是唐末五代时闽王王审知的国计使（领榷货务）张睦的后代。张睦子膺、赓因世乱避居此地。一条小溪绕村而过，形成一个半月形的洲渚，这也是村名的由来。这里山

川明秀，夹岸桃红李白，杨
柳依依，洲渚里芳草萋萋，
山岭上乔木森森，而村口恰
对着形如笔架的文笔峰。也
许是家乡山水灵淑之气熏陶
成就了这位南宋词人。张元
幹为官后，寄住在城关张赓
的后代所建的宅院。

　　这座宅院记录了两段历
史。一是张元幹所处的多事之
秋的历史。靖康元年（1126
年），金人犯阙，钦宗皇帝多
次想出逃，主战的李纲誓死捍
卫京都，张元幹上却敌书支持
李纲，并入李纲帅幕，襄助李
纲，指挥将士日夜奋战。投降
派占上风时，李纲与张元幹
皆被贬。绍兴十二年（1142
年），胡铨上书反对议和，请
斩奸相秦桧，反被贬斥。张元
幹不畏株连，作《贺新郎》词
一首为其送行，词末有"目尽
青天怀今古，肯儿曹恩怨相尔
汝！举大白，听《金缕》"，
对于朝廷打击爱国的抗战派，

◎ 月洲张元幹读书处——寒光阁旧址

◎ 张氏故居第三进房屋

◎ 张氏故居第三进的房屋梁架构造

◎ 永泰县城关世科里张氏故居　　　　　◎ 张氏故居中遗存有倭寇焚烧痕迹的屋檐斗拱

坚持不抵抗政策极为失望，悲愤之情溢于言表。这首词也是他的代表作。二是故居宅院头两进建筑，明代嘉靖三十八年（1559年）五月被倭寇焚毁，只余石砌台基，第三进三开间的老宅，前檐柱的斗拱上，仍留有当年被火烤焦的痕迹。这是明朝倭患的史证，极为难得。

宋末元初的抗元义士高应松的故居在长乐古槐镇屿中村。大门匾额上书"枢密第"，为风火墙式古民居建筑，内为木构房屋。正厅对联是"玉堂金马第，文章节义家"，厅前为石砌天井，两厢是住房，颇宽敞。高应松，字篑亩，长乐人，南宋开庆进士，官至端明殿学士、签书枢密院事。元军攻入临安（今杭州），官员纷纷逃窜，存者九人，高为其中之一。他宁死不写降表。宋恭帝及太后被掳北上，他跟随至燕（今北京），绝食不语，七日全节而逝。他的爱国节操强烈地震撼着后人。来到其故居门前，崇敬之情油然而生。

明嘉靖民族英雄张经的故居在文儒坊西段，它是三条中轴线并列的一组建筑群。主座的主建筑是六柱五开间的房屋，而东侧和西侧的两建筑早已被拆毁改建了。嘉靖三十三年（1554年），倭患严重，朝廷任命张经总督江南、江北、山东、浙江、福建、湖广诸军御倭（人称七省总督）。他到浙江、苏南调查，从浙江巡抚及苏松副总兵俞大猷处了解了情况，听取了意见，认为现有军队素质不高、士气不旺，应急调"狼土兵"（女头领瓦氏率领的少数民族的军队）及湖广、永顺的土兵（苗兵），待会齐时决战。这时，奸相严嵩的党羽赵文华取媚嘉靖皇帝，以祭祀海神作为"抗倭良策"并排斥不附己的御倭大臣和名将，削弱了抗倭力量，赵文华又急于邀功，几次催促出兵。叶向高的《苍霞草·日本考》说："经以兵机秘，业已刻师期，不告也。"赵文华恼怒，就向皇帝诬告张经和李天宠"养寇"。正在此时，各路援军已到，刻日会进，水陆夹攻。由是倭寇腹背受敌，在王江泾被歼，斩首近2000人，是东南倭患以来的最大胜利。然而也在此时，诏书已下，张、李被逮入京。嘉靖三十四年十月，张经、李天宠及兵部员外郎杨继盛同日被斩于西市。"京师震骇，谓国家一日杀三贤能臣，罢市者累日"。后其孙于隆庆时，伏阙申冤方得平反。人称"冤同武穆"。

闽侯南屿南旗村水西的林春泽故居建筑群是典型的明代民居。林春泽曾任贵州程番知府，善诗，享寿104岁，称"人瑞翁"，曾重宴琼林。子林应亮能诗，著有《少峰草堂诗集》。

◎ 林应亮故居门前的壁画"汾阳王庆寿"

◎ 林春泽故居正门前埕的照墙

◎ 闽侯南屿镇南旗村的林应亮故居建筑

明万历二十年（1592年）的状元翁正春的故居在仓山洪塘（今建新）。从洪山桥往西行三四里就到洪塘街，这条街又称"状元街"，街口原有状元里石坊（现已毁），进坊门右侧即状元府，门首有一

◎ 洪塘翁正春故居

对刁斗旗杆（现已无存）。这是一座依山而建、逐进加高的大宅第，头二进为翁正春中状元后渐次修建的，真正的故居在最高处，原是一座八柱七开间的木构房屋，现已坍塌二间，仅余五开间，极具沧桑感，不由人不追思明晚期的那段沧桑岁月：万历昏庸，常派太监以矿监税使的身份四处横征暴敛，激起多次民变。被革职回乡的无锡人顾宪成与高攀龙、武进人钱一本等在东林书院讲学，评论时政，不少人在朝廷遥相呼应。他们要求撤回矿监税使，反对横征暴敛，减轻人民负担；主张改革朝政，澄清吏治，被时人称为"东林党"。熹宗重用宦官魏忠贤，打击正直朝臣，翁正春也与魏忠贤作斗争，以劾魏忠贤忤旨，见朝政不可为，上疏乞归，不久卒于家乡。

清民族英雄林则徐的故居在文藻山（今文北路），是并列三条中轴线围合构成的一组建筑群，正中为主轴线。大门正中设六扇大门，门额悬挂金字蓝地的"尚书第"竖匾一块。大门两侧各有两间房，为门斗房。正门对面是照壁，两侧为双斗旗杆及一座小型"金鼓亭"（仪礼奏乐用）。大门之内为二道门墙，内为三进院落，每进均为五开间房屋。过天井为第一进廪食厅，天井两侧回廊陈列有二十多面执事牌，上书历

◎ 林则徐故居内景

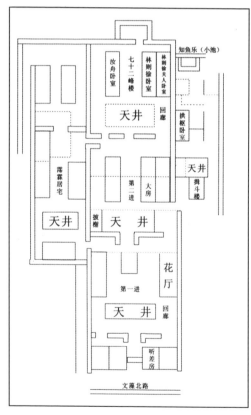

◎ 林则徐故居平面图

任官衔。厅的北部有插屏门，把厅隔成前后厅，大厅门上有道光帝御书"福寿"横匾，旁有小文"愿卿福寿日臻，永为国家宣力"；插屏门上则有清初名画家许遇的《岁寒三友图》。第二进厅堂屏门上挂有明末曹学佺的《松鹤图》，侧壁上挂有描绘林则徐之父林宾日先生的《饲鹤图》，后厅则是供奉林氏宗亲神主牌的地方。第三进是一座三开间的两层楼房，名为"七十二峰楼"，楼下正厅挂有林则徐手书格言对联："海纳百川，有容乃大；壁立千仞，无欲则刚。"楼上不分隔房间，用楠木书架分隔成几个区，专贮藏书，多为实用的经世之作，正中挂着曹学佺所绘《松》一幅；楼下的东厢就是林则徐与郑夫人及缪如夫人的卧室，西厢是长子汝舟的卧室。

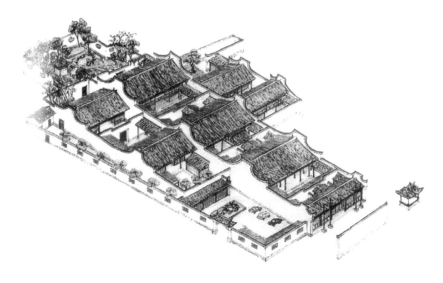

◎ 文藻山林则徐故居复原效果图

　　主座建筑旁的东侧靠北部分则为一座二进院落，它的朝向是坐南朝北，与主座主轴朝向相反。北面不直接开门，而是筑墙将正门引向朝东开。这座院落为林则徐第三子拱枢所居住。

　　主建筑西侧靠北部分也有一座二进院落，它的朝向同主座一样是坐北朝南。这座院落为林则徐之弟林霈霖所居住。

　　这组建筑在1948年的特大洪水中，受到严重冲击，主座第一进房舍及第三进的"七十二峰楼"皆坍塌。随时间的推移，其他建筑也受到不同程度的损坏。目前，林则徐故居正筹备修复。

　　来到故居，我们感受最深的是中国士大夫世代延续的民族气节。他们忠于社稷，威武不能屈，富贵不能淫。故居最重要的地方，悬挂着两幅曹学佺的画——《松鹤图》、《松》，图中的"松"本身也象征着气节、人品，说明林则徐十分崇敬这位明末清初的忠臣。当清兵攻入福州城时，曹学佺在西峰里私宅投环自尽。人们在他的砚匣里发现了他的遗书，其中有句："生前一管笔，死后一条绳。"林则徐就是从他所钦敬的李纲、于谦、曹学佺等人身上继承了这种民族气节。林则徐虎门销烟，抵抗英军侵略，处处体现了这种民族气节。林则徐的爱国情怀极大地激励了后辈。左宗棠任闽浙总督时，林则徐已去世多年，但林则徐的如夫人缪老太仍康健，正是出于对林则徐的崇敬，左宗棠常到林则徐的文藻山宅第向缪老太请安。林则徐以往也对左宗棠深寄希望，左宗棠在撰《林文忠公政书叙》时写道："忆道光己酉，公由滇解组归闽，扁舟迂道访宗棠于星沙旅次，略分倾接，期许良厚。……军书旁午，心绪茫然，刁斗严更，枕戈不寐，展卷数行，犹仿佛湘江夜话时也。"

严复的祖居在阳岐伯仲山麓，门前有岐江穿村（上岐、下岐）而流向乌龙江，不远处即连接古驿道的宋代古桥——午桥，两岸有翠竹丹荔和龙眼树，景色宜人。祖居大门上原有"大夫第"的竖匾，因严复的始祖严怀英唐末入闽，以军功膺朝请大夫。这是一座明代老宅，共二进，严复的曾祖严焕然（举人、松溪训导）、祖父严秉符都居住在这里。严复的父亲严振先是名医，在苍霞洲悬壶济世，因而严复诞生在苍霞洲。

◎ 严复祖居厅堂前檐廊梁架上镂雕精美的花鸟图纹

严复少年时曾回乡读书，就居住在祖宅第一进天井旁的西披榭。严复父亲病逝后，母亲带着全家又回家乡阳岐居住。严复在城内最后的故居在郎官巷，分为主座和西侧的花厅。进门楼内为天井，两侧有披榭，主座为四柱三开间房屋，正厅两旁为东、西厢房，前檐的廊轩西侧有门通向隔壁花厅，隔壁花厅有假山园池，其后有一座二层楼阁，1920年后，严复就居住在此楼养病。他知道自己时日不多，曾留诗给后人："震旦方沉陆，何年得解悬？太平如有象，莫忘告重泉。"严复至死不忘国家的兴衰存亡。

到严复故居瞻仰，我们感受到了戊戌风云。风雨飘摇的清廷，外忧内患不断。为了向西方寻求真理，他翻译了大量西方哲学、政治学、经济学、生物学等著作。他提出了："今日要政，统于三端：一曰鼓民力，二曰开民智，三曰新民德。"他成了戊戌变法运动的舆论宣传家，成了中国近代启蒙思想家。严复对中国文化也做出了巨大的贡献，他是一位翻译家，他提出的翻译理论"信、达、雅"至今仍被我国翻译界奉为圭臬。

旧民主主义革命家林森的公馆在仓山区程埔头七星巷。他还有一座别墅在连江县的风景名胜区——青芝山。黄花岗烈士林觉民的故居则在南后街杨桥路口。参观他们的故居又把人们带到了辛亥革命那烽火连天的岁月。

林森公馆是20世纪20年代中，尚干家乡的乡民集资建造的。"啸余庐"别墅则建在青芝山莲花峰南麓的台地上，风景绝佳。通往"啸余庐"的山路尽头，有天然巨岩叠成的石门，林森手书"不为米折腰"。进门可见别墅的围墙，门上朝外的匾额有"常关"二字，典出陶渊明《归去来兮辞》："园日涉以成趣，门虽设而常关。"门内匾额有林森手书的"啸余庐"三字。进门有一如屏石岩，上镌黄宾虹篆书"啸余庐"三字。"啸余庐"是一座二层西式小楼。楼前小庭院遍植花草，其

◎ 仓山区程埔头七星巷的林森公馆

◎ 1933年林森等在青芝山"啸余庐"前合影

中两棵金桂，花开时节满园芬芳，花香袭人。小楼底层正中为厅堂，后壁正中有一"心"字挂屏，两旁竹板刻着一副对联："室雅何须大，花香不在多。"厅堂东壁挂着林森的彩色画像。厅堂两侧厢房是林森随从人员及卫士的宿舍。二楼正中是会客厅，厅门门框两旁挂着铁犁头和水牛角，意为林森不忘自己是农家子，不忘农夫的辛劳。厅后壁上方挂着孙中山先生的遗像。厅东壁有红砖砌的壁炉，上悬林森遗像。室内有会客用的藤制和木制的桌椅、茶几。客厅东侧一室为林森卧室。客厅西侧一室隔为两间，其中一间存放文物古玩及林森休闲时莳花艺草的花锄、花剪等劳动工具。小楼西北连着"一片瓦"岩洞。楼后有小天井，有假山盆景。楼后有门可通往"东觉岩"、"阆风台"等景点。沿途有林森引种的鸡爪兰、罗汉果、白棕杨、杨桃树、橡胶树、菩提树等名贵花木。

◎ 林森藏骨塔

林森于1884年入英华书院学习，以后又到台湾刘铭传办的中西学堂学习。甲午中日战争后，日军侵入台湾，林森加入刘永福领导的反日作战组织，在台湾彰化的八卦山英勇作战。八卦山失守，林森在友人帮助下，潜回大陆。1902年他考入上海江海关工作，受孙中山革命宣传影响，与何枚士、郑权、蔡人奇等组织了"福建旅沪学生会"，他被推举为会长。1905年加入同盟会，1909年调九江海关任职。辛亥革命武昌起义，林森策动九江新军马毓宝独立，并策动清海军"海筹"等军舰起义。

他所领导的"福建旅沪学生会"的一些成员，分别策动、组织了镇江起义、福州起义，并组织军队攻下江宁（南京），林森在辛亥革命中功勋卓著。

林森的别墅取名，据说出典于古诗"山馆夜深闻虎啸"，而此地古称"虎馆"。有意思的是，林森确实与虎有缘，据《藤山志》记载，民国二年（1913年），孙中山先生被迫下野，曾命林森回福建联络同志。他勇于赴命，奔走于闽江上游各府县，"虽严寒酷暑，精神益奋。途次，黄昏月上，乘兴过峻岭，突遇猛虎，从者惧，公独先行，若无事然，虎反畏避而去"。别墅名"啸余庐"也体现了林森过人的革命胆略。

林觉民故居坐西朝东，原为风火墙式民居，大门墙外为门斗房，进入门墙，第一进为廪食厅。入第二道门墙，直通第三道门墙，正中有一条过道廊，两旁种有翠竹。进门过大天井便是第三进大厅，厅左右各有厢房，过大厅为后厅后天井。隔墙外为第四进大厨房。除中轴建筑物之外，左右两旁还有许多自成院落的房屋——花园和小洋楼。现第一进、第二进及中轴以外的建筑均已毁。林觉民的住所在后宅西南隅，有并列一厅一房，在原大厨房之南，房前有一丛蜡梅正对着窗口。林觉民的《与妻诀别书》中，曾写道："初婚三四个月，适冬之望日前后，窗外疏梅筛月影，依稀掩映。吾与汝并肩携手，低低切切，何事不语？何情不诉？及今思之，空余泪痕。"住处可通紫藤书屋。林觉民赴日留学前，曾在这里办女学，动员妻子陈芳佩（意映）、堂嫂、弟媳、堂妹及亲友共十余人入学，由他讲授国文课程，评论时政，介绍欧美先进思想，宣传男女平等。

◎ 南后街与杨桥巷（今杨桥路）交会处的林觉民、冰心故居

林觉民是广州起义最著名的烈士。他遇难后，此宅转手给谢銮恩，谢銮恩的孙女即谢婉莹。因而这儿也是冰心的故居。这所大宅院内的对联给冰心留下很深的印象，冰心老人常将这类联句，题书给求字者。

位于城门镇胪雷的陈绍宽故居，位于文儒坊的陈季良故居以及位于安民巷的新四军办事处旧址，让我们感受到了抗日战争的烽火。

陈绍宽故居是民国时期风火墙式民居，坐北朝南。门墙为砖墙，石砌墙基，正中有石框门，门上有拱形门罩，门额上堆塑狮子图形。两侧墙与传统民居不同，开了四个西式窗户。门内的门厅柱子上有两副对联，"海阔天高气象，风光月霁襟怀"及"复礼归仁端克己，移风易俗为型方"。门厅两侧有四个房间，门厅往前即石砌天井，天井两侧为披榭。再往前即为正堂屋，六柱五开间。中为厅堂，正中插屏门上有两副对联，"有容乃大，无欲则刚"及"养天地正气，法古今完人"。两边为厢房，东厢即陈绍宽的居所。这座故居的西侧是占地约6亩的花园，有凉亭、池沼及林木花卉，其中荔枝品味甚佳。

◎ 陈绍宽故居院内小亭

陈季良的故居是一座清代坐南朝北三进院落的传统风火墙式民居。其西侧原为花厅园池。1920年，陈季良（原名陈世英）在庙街借炮给苏俄游击队，打击侵占庙街的日军。以后日军逼迫当局将陈撤职，去职后他便暂回家，在花厅建一座坐北朝南的小洋楼，楼前隔墙有六角亭和假山鱼池，现已残损，隔墙门额嵌有"退思处"三字，两旁原有对联："竹里静消无事福，花间补读未完书"。

◎ 陈季良故居红楼前的六角亭

然而陈绍宽和陈季良这两位儒将，并不能如此对联所说"静消无事福"。1937年卢沟桥事变爆发后，作为海军部部长的陈绍宽与他的战友、得力助手海军部常务次长兼第一舰队司令陈季良率领海军将士谱写了气壮山河的抗日乐章。

新四军办事处旧址是一座清代风火墙式古民居，为三开间房屋，中间有天井，两旁有披榭。1938年春，新四军参谋长张云逸与国民党福建省政府主席陈仪谈判成立新四军办事处，王助、范式人负责办事处工作。办事处在这里办公一年四个月，积极组织歌咏队等活动，调查处理国共合作工作中的问题，努力推动抗日救亡运动，还派人下乡训练组织抗日武装。

于山东麓鳌峰坊东口有一座明末坐南朝北的传统风火墙式的民居，主座原有五进院落，现仅存三进。每进有围墙相隔，天井中有覆龟亭相连接。主座东侧为花厅，除第一进为三开间住房，余为假山、鱼池、花木。鱼池东侧有民国初年建的二层小楼。这里就是著名的微生物学家、科普作家高士其的故居。而在明朝正德年间，这里则是名臣郑善夫的"少谷草堂"。这古今两位名人，让我们看到福州人对科学与文学的贡献，这两位福州人的"硬骨头精神"尤让后人钦敬。

郑善夫，字继之，号少谷。明弘治十八年（1505年）中进士，入朝授户部主事，出理吴江浒墅关，他勤于治事、公正廉明。因宦官当政，他辞官归里，在城内金鳌峰下（今于山下鳌峰坊）筑"少谷草堂"及"迟清亭"，读书其中"俟天下之清"。可见郑善夫虽身在林泉，仍忧国忧民。正德十三年（1518年），郑又起用为礼部主事，时武宗（正德帝）受奸佞引诱，准备南下巡游。这必将劳民伤财，搅得天下不宁。郑善夫与舒芬、张衍庆等上书切谏，被杖责并罚跪阙下五日。硬骨头的郑善夫又写奏疏数千言，对仆人说："我若死了就把奏疏呈上去。"众臣切谏无效，皇帝仍坚持南巡，善夫则上疏辞官。郑善夫博学多才，精通周易，他还是数学家、天文学家。在易学方面，著有《易论》、《河图洛书》、《洪范论》等，在数学方面，著有《九章乘除法》，在天文学方面亦有建树。正德十五年，他通过对天象、历法的考察和对日食、月食的观察研究，推算出当时历法有误差，提出应予修正。郑善夫在文学方面成就最高。孟森在《明清史讲义》中说："（李）梦阳以文学为一代宗……倡言：'文必秦汉，诗必盛唐'非是者弗道。与何景明、徐祯卿、边贡、朱应登、顾璘、陈沂、郑善夫、康海、王九思等号十才子……"前七子之一的王廷相十分推崇郑善夫，作有《少谷子歌》，开头一段有句"君不见斯文天挺郑少谷，词林阁笔推长雄"。

◎ 高士其少年读书处

高士其1905年出生于书香世家，他的"硬骨头精神"更为人所称道。年轻时他在清华留美预备学校读书，参加了五四运动，"科学"、"民主"的精神铭刻在他心中。他抱着"科学救国"的理想赴美留学，在芝加哥大学研究院攻读医学博士课程。在做实验中，脑炎病毒瓶不幸破裂，病毒通过他发炎的左耳侵入他的小脑。从此他常发病，眼球上翻、口吐白沫、两手颤抖、脖颈僵直痛苦异常。美国医生劝其回国休养，硬骨头的高士其却忍着病痛，以惊人的毅力修完了博士课程并加入了美国化学学会和美国公共卫生学会。1930年高士其回国服务，他以病残之躯，坚定地与祖国共患难。他回国时，全国仅有四个微生物学家。他致力于用文学的手法写科学作品，为普及大众科学知识做出了卓越贡献。1946年他写出了第一首科学诗《天的进行曲》，他是中国科学诗的创始人。新中国建立后，周恩来总理考虑到他已基本瘫痪，安排他长期休养，他却向总理要求工作，请求别把他当病号而当战士看待，继续为国家做贡献。他又创作了大量科普作品。一生累计约创作了160万字的作品。

◎ 宫巷刘齐衔故居的后庭园

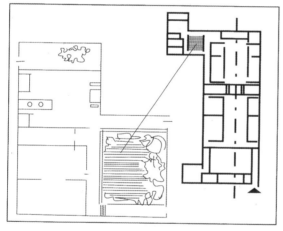

◎ 刘齐衔故居平面图

◎ 刘齐衔故居后庭园的假山

宫巷东头的刘齐衔故居以及光禄坊11号的刘齐衢故居，其前东头为明末清初许豸、许友家族宅院，西头为清初林侹故宅。

刘齐衔在宫巷的故居是一座清中叶风火墙式传统民居，有二进院落。第一进四柱三开间，中为正厅，两旁为东西厢房。第二进为二层楼房，天井中有覆龟亭将两进房舍连接在一起。二进楼房的门窗隔扇精雕细刻，十分雅致，宅院的西北侧为花厅，有假山、园池及临水轩。

光禄坊10～13号的四座宅院原为许豸、许友家族及林侹故宅，几经易手，后为刘氏所有，他们又加以重修、改建。现13号宅院已毁，原基址建起了现代建筑。这并列的宅院原有三座花厅，有假山园池之胜。抗战时，郁达

◎ 光禄坊11号故居前花厅的廊轩　　◎ 光禄坊12号第三进房屋的风火墙

夫与妻王映霞曾借住于此花厅。林、许、刘家族对于中国传统文化，特别是诗、书、画都有很深的造诣，刘氏家族对福州近代民族工商业的发展也有很大贡献。

林佶，字吉人，号鹿原。出身于书香世家，其家"世以《尚书》相授"。其兄林侗，字同人，康熙中署尤溪教谕，是位金石家，著有《来斋金石考》、《昭陵石迹考》、《李忠定公年谱》。林佶于康熙三十八年（1699年）中举人，他博学能文，既是书法家又是藏书家。康熙四十五年（1706年），他被特旨召入武英殿抄写圣祖御集。五十一年（1712年）钦赐进士，翌年官内阁中书。王鸿绪撰《明史稿》，陈梦雷编纂《古今图书集成》皆邀他协助。朱彝尊选《明诗综》也曾向他借藏书传抄。

许友，字有介，号瓯香，明崇祯末年廪生。友父豸，曾任浙江提学副使，因而许友有机会师从会稽名画家倪元璐。明亡，元璐死节，许友亦不求仕进，以诸生终其身。人称许友诗、书、画三绝。他写诗孤旷高迥，不愿蹈袭古人。正如有一首写自家宅院的诗《自题堂壁》："朝起开帘望，竹烟入古厅。柳樊低瓦绿，山补矮墙青。蓄药先知病，藏茶不为醒。晚秋农事急，日上稻花亭。小园花药半，耘灌自相亲。结社游僧士，开樽选酒人。断亭文字老，破砚墨痕频。晚立柴门外，溶溶月色新。"全诗自然流畅，清新脱俗，颇有意趣。朱彝尊、钱谦益皆称赏他的诗作。

许友工书法，尤善草书。绘画方面，善画墨竹，苍楚有致，雄浑郁勃；画小竹，柔枝嫩叶，姿态横生。存世作品有《江山钓矶图》、《枯木竹石图》，分别著录于《九华印宝鉴藏画录》、《中国名画宝鉴》。著有《米友堂集》。子遇，字不弃。工诗，善画松石，多巨幛。有《紫藤花庵诗抄》存世。孙均，字叔调，号雪村，亦兼擅诗画，著有《玉琴书屋诗集》。许氏堪称诗画世家，为当时艺林佳话。

刘齐衔，字冰如，道光二十一年（1841年）与兄刘齐衢同榜进士。当时，因是同胞同榜进士，在京城及福州皆轰动一时。齐衔为官勤政干练，官至河南巡抚。刘家兄弟的子孙后代跟上时代发展，办起了工商实业。刘家在1910年办起民族资本主义工业，发起成立了福州电气股份有限公司，1911年向福州市供电。1912年又创办福建电话股份有限公司，这是刘家最重要的企业，其后又创办有福电铁工厂、制冰厂、油厂、锯木厂、梨山煤矿公司、刘正记轮船行、天泉钱庄、典当铺等等，形成了企业集团。

黄巷的东头有郭阶三、郭柏荫故居，是一座明代坐南朝北传统风火墙式民居，主座有三进院落，每进皆为六柱五开间，柱大梁粗，具有豪门宅院的气势。主座东侧为花厅，有假山、鱼池、古树。宅主郭阶三是举人，官教谕，育有五子，五子皆登科第，一时传为佳话。这五子是柏心、柏蔚、柏荫、柏苍、柏芗。柏荫为进士，余为举人。郭氏一门出了不少人才，在自然科学、教育、文化、军事诸方面都为国家做出了贡献。下面举几个例子。

郭柏荫，道光十二年（1832年）进士，官至湖北巡抚，署理湖广总督。他为官期间力主严禁鸦片进口，严禁种烟，在地方兴利除弊，做了不少好事。他曾任清源、紫阳、鳌峰等书院山长，培养了不少人才。

◎ 郭柏荫故居花厅的假山、鱼池及花木

郭柏苍，道光二十年（1840年）举人，历官训导、内阁中书及主事、员外郎，以后淡于仕途，精研学问，涉及天文、地理、水利、戏曲、小说、名胜、掌故、海洋生物、矿产、地方文献、风俗民情等。著述宏富，较有影响的有《乌石山志》、《竹间十日话》、《闽产录异》、《闽会水利故》等。

郭柏荫的曾孙郭则沄，字养洪，号啸麓，光绪二十九年（1903年）进士。辛亥革命后，历任北洋政府政事堂参议、铨叙局局长、国务院秘书长等职。1922年去职，闲居北京，与京城名士诗酒往还，还致力讲学。著述颇丰，有《十朝诗乘》、《清词玉屑》、《竹轩摭录》、《龙顾山房全集》等，他还著有小说《红楼真梦》（又名《石头补记》），颇有影响。

郭柏心的玄孙郭化若（谱名可彬），是我国杰出的军事家。1925年以第一名的成绩考入黄埔军校，参加国民革命军东征和北伐战争。1927年，参加南昌起义，后被派往苏联军校学习，回国后在中国工农红军任职。他曾奉朱德、毛泽东之命组建了我军第一支工兵队伍和第一支无线电队伍。解放战争时期任中国人民解放军第九兵团政委。在淮海战役中，他与陶勇率四纵队与兄弟部队合围杜聿明集团于徐州西南的陈官庄、青龙集一带，并俘获杜聿明。他是"一代儒将"，也是军事理论家、军事教育家、诗人、书法家，毛泽东的军事教育顾问。他对《孙子兵法》有精深研究，著有《孙子译注》、《郭化若军事论文选集》、《郭化若书法集》等。

文儒坊的陈承裘故居及南后街衣锦坊一侧的董道行、董执谊故居，又让我们读到了闽台亲缘关系的史章。陈承裘故居是一座传统的风火墙式民居，坐南朝北，由并列的两座院落组成，主座除门头厅外，有二进院落，每进皆为四柱三开间的堂屋，厅堂两侧为厢房，天井两侧为披榭。厢房的门窗隔扇皆用楠木制作，并精雕细刻有各种图纹。主座东侧为花厅，是陈家的园林，名为"梅舫"。

陈承裘是螺洲陈若霖之孙，咸丰元年（1851年）进士，其父云南布政使陈景亮以足疾乞归后，他也乞假侍奉父亲，不再为官。督课子弟甚严，生七子，除一子幼殇外，六子皆登科

◎ 文儒坊的陈承裘故居门楼

第，所以陈宅门额上原有清廷恩赐的"六子科甲"匾。其中长子陈宝琛为末代帝师。陈若霖为乾隆五十二年（1787年）进士，历官至刑部尚书兼管顺天府尹。他是清朝名臣，常为民理冤，福州人曾依据传说编有闽剧传统戏《陈若霖斩皇子》，在民间影响甚大。陈承裘这一显赫的簪缨世家与台湾首富台北的"板桥林"结亲，陈承裘的二女儿陈芷芳嫁给了林尔康。"板桥林"原是从福建龙海迁往台湾，经过几代人筚路蓝缕艰难创业，家业传至维让、维源兄弟终成台湾首富。维源在光绪年间，多次捐献巨款，用于建筑台北府城，充作中法基隆战争的军费，被清廷授官太仆寺少卿。甲午战后，日本强迫清廷签订了不平等的《马关条约》，竟然将台湾割让给日本，引起全国民众的愤怒。"板桥林"家族不愿当亡国奴，毅然内渡祖国大陆。维让之子林尔康与维源之子林尔嘉（字菽庄）两堂兄弟分别定居福州、厦门。陈承裘的女婿就为其岳母张氏

◎ 陈承裘故居隔扇门上阴刻的四季花鸟

◎ 陈承裘故居的水井

资助兴建了文儒坊的宅第。有趣的是，林尔康、陈芷芳的女儿林慕兰，又嫁给严复的三子严叔夏，林慕兰的幼兄林熊祥，又成了陈宝琛之婿。林尔康家住杨桥巷，而严复的晚年故居在郎官巷，严复的孙女、台湾著名女作家华严（即严停云）在《郎官巷里的童年》文章中有一段回忆："我们家住在郎官巷，三次搬家，从巷中到巷尾再到巷头，也仍旧在郎官巷。原因是外祖母住在杨桥巷，后门设在郎官巷，和我们家的前门（应为后门）距离不过丈余。如此，母亲每日来去十分方便。"更有意思的是，严复还有个孙女严倬云又嫁给台湾的名人——海基会负责人辜振甫。严停云则是嫁给台湾资深报人叶明勋。

董道行、董执谊故居也是传统风火墙式民居，坐西朝东，除了门头房，仅有一进院落，为四柱三开间房屋，正中为厅，两侧为厢房。主座的北侧为花厅，原有的假山、鱼池已毁，而在主座西北侧的后花厅则保存完好，有井泉、鱼池、假山、花卉，还有临水榭及藏书楼，楼下正中为厅，两侧为厢房，楼上藏书。

董道行，又名炳章，字琅山，号纫兰。清同治元年（1862年）举人，历任上杭及台湾淡水教谕。对台湾教育事业的发展贡献了力量。董道行之子董执谊对文化颇有贡献，他将民间有出入的手抄本《闽都别记》重新整理出版。另又不惜重金购得清道光间所刊明王应山纂的《闽都记》雕板，重新勘定、补板珍藏，后其孙依先人遗愿，重修旧板，托聚成堂刊印，供各方需求。

福州所属闽清、闽侯还有一些土楼寨堡式建筑，如闽侯溪源土楼、闽清六都宏琳厝、四乐轩、岐庐均很有特色。闽侯的张大本厝则具耕读文化内涵。

纪念建筑则有位于冶山的中山纪念堂和安民巷新四军办事处。

© 南后街衣锦坊一侧董执谊故居后花厅

◎ 闽清县坂东镇（六都）的宏琳厝

◎ 宏琳厝通往天镜阁的飞廊

◎ 从二进横厝花厅楼上远眺天镜阁

◎ 宏琳厝的岗楼，俗称"兔耳"

◎ 宏琳厝墙头的
   彩绘壁画，图
   为"空城计"

宏琳厝平面图

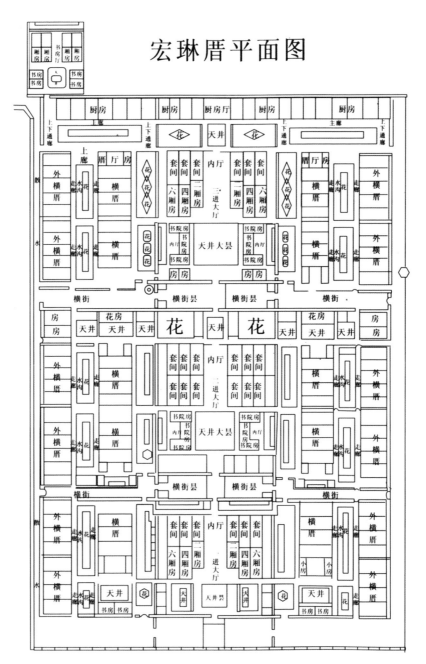

© 宏琳厝平面图

福 州 古 厝

◎ 宏琳厝天井隔墙上的花格窗

◎ 宏琳厝天镜阁过道上的漏窗

◎ 宏琳厝从外往横街内看，中间建有小屋，使石板路
产生曲折，小屋正对门外有铳眼，安佛郎机炮

◎ 横街转折处设有炮眼的小屋

◎ 宏琳厝狭小笔直的横街

◎ 宏琳厝天镜阁的客厅

◎ 宏琳厝天镜阁主人卧室的床榻

◎ 宏琳厝的花圃及廊道

◎ 建于清乾隆年间的坂东镇四乐轩

◎ 坂东镇九江知府张鸣岐的故居岐庐

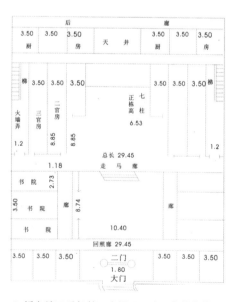

◎ 坂东镇四乐轩第四座平面图（图中数字单位为米）

五、琳宫塔庙　梵呗声声

——寺院、宫观、塔庙

中国传统文化中，儒、释、道占了相当重要的地位。这一章主要谈释、道。

释即佛教文化。东汉永平七年（64年），明帝派蔡愔等使者去西域求法，遇摄摩腾、竺法兰两高僧。永平十年（67年），使者偕二高僧用白马驮经回洛阳，明帝造白马寺供二高僧译经。从此佛教正式传入中国。从汉、魏、晋到唐代，佛教出现了许多宗派。其中禅宗（中国化的佛教）逐渐成为主要宗派。从唐衍传至今，全国寺院十有八九属于禅宗。

禅宗一世祖是菩提达摩，传至五世弘忍，有两大弟子——神秀、慧能。神秀修行主张渐悟，慧能主张顿悟；神秀传禅法于北方，慧能传禅法于南方。在唐高宗及武则天时代，禅宗分为南、北二宗，以后南禅宗逐渐取得支配地位。六祖慧能之徒分为南岳怀让和青原行思两大派系。南岳一系，后来发展成临济宗、沩仰宗；青原一系，后来发展成曹洞宗、云门宗、法眼宗。佛教界称为"一花五叶"。这五宗的确立皆与福建的寺院、高僧有关，尤其是福州的寺院与高僧。可见唐宋以来福建的高僧与寺院，在中国佛教界无与伦比的崇高地位。

南禅宗的衍传历史是南岳怀让传给马祖道一，马祖道一又传给了百丈怀海。怀海（720—814年），福州长乐人，俗姓王，名木尊。少年时，在长乐沙京莲花山龙泉寺师从慧照禅师。据传，有一天慧照禅师命怀海到寺前的龙泉井旁浣巾，怀海见井中有青、黄二龙嬉水，玩之归迟。师诘之，他遂以钵探二龙（也许是鳝鱼）献师，师奇之，命他削发游方。后来他向马祖参禅，得其衣钵，又应请到江西百丈山弘扬禅法，人称"百丈和尚"。道一和怀海对佛教有很大贡献，禅宗的一个典故概括了他们的贡献："马祖兴丛林，百丈定清规。"

这个典故说的是，过去参禅的人没有自己独立的寺院，都是居于律宗寺院的一隅，马祖为了会集众禅僧，就选择深山幽谷建立丛林。用现在的话来说，马祖搞了硬件设施的建设，而百丈怀海则是搞软件建设。为了规范众僧的行为，怀海不循律制，折衷大、小乘的戒律，务归于善，别立禅居，制定清规，名为《禅门规式》，又称《百丈清规》。从此就有"清规戒律"这一成语出现。

据何乔远《闽书》所言，怀海是回龙泉寺定清规的，"后复归龙泉，立道场，制丛林规传于世"。

怀海的门徒有灵祐和希运。灵祐是长溪赵氏子，长溪即今霞浦，唐时属福州。灵祐后到湖南大沩山，灵祐与其徒仰山慧寂创立了沩仰宗。

希运（？—850年），福州福清人，幼时即在福清黄檗山建福寺（明代以后称万福寺）出家。他身材魁梧，前额突出如珠，人称"肉

◎ 始建于梁承圣四年（555年）的长乐鹤上镇沙京莲花山麓的龙泉寺

珠"。希运曾往江西参拜百丈怀海，得其印可（悟道的证件）。他还与唐宣宗及宰相裴休有一段交往。裴休出镇宛陵（今安徽宣城）时，建大禅苑，请希运说法。因希运酷爱家乡旧山，所以将大禅苑所在之山也命名为黄檗山。裴休为其法嗣之一。

希运与唐宣宗皇帝的结缘更有意思。宣宗李忱原是宪宗的第十三子，被封为光王。在中晚唐时，藩镇拥兵自重，常有战乱，因此政局很混乱。此时的李忱则是个严肃持重、寡言少语的人，宫中都当他是个"痴儿"。其实他是个有头脑的人，为了避祸而用韬晦之术，曾出家当小沙弥。希运在杭州盐官的佛殿礼佛的时候，遇到了这个小沙弥。小沙弥问："不作佛求，不作法求，不作僧求，当何所求？"希运答："不作佛求，不作法求，不作僧求，常礼拜如是事。"沙弥问："那施礼是为了什么？"希运捆沙弥一掌，沙弥说："太粗了些。"希运说："这里是什么地方，容你在此说粗说细。"随后又捆了一掌。希运的打是启发沙弥，禅法即是主张无所求，并不是随便打。

希运也深知李忱非一般人，将来定会有所作为的。有一天，李忱与希运同观瀑布，并吟诗联句，借景抒情。希运出句："千崖万壑不辞劳，远看方知出处高。"诗句双关。李忱接句为："溪涧岂能留得住，终归大海作波涛。"希运的诗句说明他看出李忱非等闲之辈，而李忱的诗句颇有气派，说明他胸怀大志。后来李忱果真登上皇位，是为宣宗。唐宣宗是中晚唐时期相对有作为的皇帝。

希运将衣钵传给了高徒义玄，义玄嗣其法到河北镇州（今正定），创建临济院，弘扬禅法，形成了临济宗。希运接引学子的方法独特，常用棒打、大喝，以截断求法者的思路，使其骤然醒悟。义玄继承了马祖道一、百丈怀海、黄檗希运大机大用的禅法，更善用棒喝，所以有"临济四喝"的典故。

明末清初，黄檗山万福寺又出了个高僧隐元。隐元（1592—1673年），讳隆琦，俗名林曾昺，福清上迳乡东林村人。万历四十八年（1620年）在家乡黄檗山万福寺拜鉴源禅师为师。他刻苦参禅，周游各地，遍访名师，最后又回黄檗山万福寺。时值高僧费隐来到黄檗山，他即拜费隐为师，隐元43岁时成了临济宗的传法者。崇祯十年（1637年），他继承费隐的衣钵，当上黄檗山万福寺住持。远在日本长崎兴福寺的住持逸念一直希望能请一位中国高僧来弘法，经再三斟酌，决定邀请隐元。长崎方面再三敦请，隐元先派其一位门徒代表他前往，门徒却不幸在海上遇难，悲痛万分的隐元终于决定亲自前往。顺治十一年（1654年），在郑成功帮助下，63岁的隐元率20余名弟子冒险东渡，经过半个月的海上颠簸，终于在长崎上岸。中国高僧到来的消息传遍日本，隐元在各寺院说法，大受欢迎。后水尾天皇及京都的行政首脑板仓重宗都服膺他的宏博，不久都皈依了隐元。江户的幕府将军德川家纲请来了隐元，与之交谈，劝隐元取消归国的念头，长期在日本弘法。幕府将军将京都宇治一块广阔的土地拨给隐元，隐元在这里建起了寺院，取了与家乡同样的名字：黄檗山万福寺。在天皇、幕府将军的推崇及僧众的拥戴下，隐元确立了在日本佛教界的中心地位，并成为临济宗之黄檗宗派在日本的开山祖。至今黄檗宗仍是日本最主要的宗派之一。

隐元不愧为中日友好交往的功臣，他的主要功绩如下：

一、他将临济宗之黄檗宗派传播至日本。

二、他将建筑工艺传播到日本。他在家乡万福寺任住持，亲自募缘、组织工匠将万福寺的殿宇扩建、修缮一新。到日本所建万福寺，一切按家乡规制营造。

三、日本著名学者中村新太郎在《日中两千年》一书中称：在书法方面，隐元具有明朝特点的苍劲有力的书法风格，给日本书法界以很大影响。

◎ 福清黄檗山现存的明代万福寺法堂

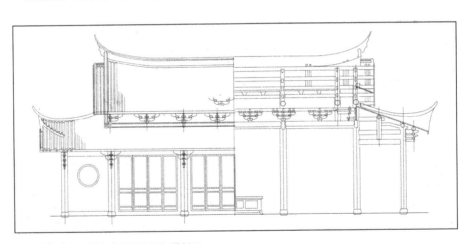

◎ 福清黄檗山万福寺法堂正立面与横剖图

　　四、隐元的弟子中有精于医术的，传播了中医和中药知识。隐元弟子心越精通音律，善操古琴，又将操琴法授给了日本人。

　　五、隐元还将中国农作物的优良品种带到日本，如黄豆等。至今日本人仍称黄豆为"隐元豆"。同时，他也将日本优良的花生品种送回家乡福清。

六、隐元将福州的焙茶法及素菜做法传授给日本人。

日本人视隐元为国宝，隐元圆寂前三天被日本天皇授予"大光普照国师"的崇高称号。宇治的黄檗山万福寺被定为"国家重要文化财"（相当于国家文物保护单位）。日本僧人常来福清黄檗山礼拜祖山。

慧能传青原行思，再传石头希迁。希迁又分传天皇道悟和药山惟俨。惟俨传云岩昙晟，再传洞山良价，再传曹山本寂。本寂是莆田人。良价与本寂师徒俩创立了曹洞宗。

道悟传龙潭崇信，再传德山宣鉴，再传雪峰义存。

义存（822—908年），南安人，俗姓曾。12岁至莆田玉涧寺带发修行，17岁剃度出家，28岁在幽州（今北京）宝刹寺受戒，并云游各地向名师求教。后至武陵德山（今湖南常德）参拜宣鉴禅师，承其法嗣。47岁时回福州芙蓉山，年近50岁在闽侯建雪峰应天禅院（俗称雪峰寺）。义存说法名动天下，四方僧众云集，最多时有1500余人。其教义，强调内省功夫。以"饭箩边坐饿死人，临河有渴死汉"启示人，成为著名警句，意思是要勤于内省参禅，否则近于咫尺亦不可得法。唐僖宗赐号"真觉大师"，并赐紫袈裟（国师的待遇）。他培养了一批有名的嗣法弟子：福州玄沙安国寺的开山祖师备，师备二传弟子文益，余杭人，后来住持金陵清凉院，创法眼宗；文偃，嘉兴人，后在韶州（今广东韶关）云门山建光泰禅院，创立云门宗；慧棱，盐官人，拜义存学禅，曾执着地坐破七个蒲团，终于悟道，后成为福州怡山长庆寺（今西禅寺）的重兴祖师；神晏，大梁（今开封）人，后成为鼓山涌泉寺开山祖师，赠号"兴圣国师"。

除了高僧辈出，福州地区还有许多著名寺院。

◎ 始建于唐咸通十一年（870年）的闽侯雪峰崇圣禅寺建筑群

　　雪峰崇圣禅寺，在闽侯县大湖雪峰山，这里重峦叠嶂，山高水冷，岩壑幽奇，为避暑胜地。寺周有千年古柽数本，昭示古刹的千年沧桑。该寺为福州五大丛林之一。唐咸通十一年（870年），义存率弟子入山筹创，六年后初具规模，朝廷赐名"雪峰应天禅院"。乾宁元年（894年），移寺陈洋凤岗之麓，里人蓝文卿施舍田舍，闽王王审知捐资襄助，殿宇广布山麓。北宋太平兴国三年（978年）改今名。现有殿宇为清光绪年间（1875—1908年）重建，规模宏伟。主殿大雄宝殿是重檐歇山顶建筑，面阔五开间。殿西侧有义存祖师塔。寺附近有磨香石、棋盘石、文殊台、雪峤路、梯云岭等二十四景。狮子岩在寺东北，山势峭拔，树木茂盛。

　　黄檗山万福寺，在福清市渔溪镇梧瑞村西北黄檗山中。唐贞元五年（789年）正干禅师开山建寺，初名般若堂，后德宗改为"建福禅寺"。唐代，希运少时在此出家，后云游四方，百丈怀海付法予他。明嘉靖年间（1522—1566年）万福寺毁于倭乱，仅余法堂。崇祯十年（1637年），住持隐元禅师重建，规模宏大。现黄檗山万福寺除了明代法堂保存外，其他寺院建筑均系华侨及日本僧众捐资新建的。

怡山西禅寺，在福州城西怡山。怡山形如"飞凤落坡"，又名"凤山"。原为南朝炼丹士王霸居所，唐贞元十二年（796年）建冲虚观祀之，后圮废。咸通八年（867年）观察使李景温招沩山僧大安来居。大安师弟慧寂随之同来，据《西禅小记》云："慧寂通智禅师……咸通中，随沩山懒安（大安）和尚至本山，时寺初兴，建置规模悉师经画。及安示寂，众请绍席，弗允。"以后慧寂到袁州（今江西宜春）仰山弘法，也称"仰山释迦"，慧寂与师灵祐，共创沩仰宗。大安与慧寂所建寺院曾名清禅寺，不久改名延寿寺。五代闽龙启元年（933年）改名长庆寺，因其在福州西郊，又称西禅寺。宋、元、明屡经兴废。现有殿堂大部分是清光绪年间微妙禅师赴海外募金重建的。该寺占地百余亩，有大小堂宇36座。设三重门，中轴有第三门、天王殿、大雄宝殿、法堂藏经阁（近来移建寺东侧）。左右有钟鼓楼、客堂、禅堂、方丈室、念佛

◎ 一百多年前的西禅寺大雄宝殿内景

堂、斋堂、库房、明远阁、如
意楼等，规模雄伟，列为福州
五大丛林之一。寺内原有唐代
古荔，惜在"文化大革命"中
缺乏护理枯死，现仍有宋、明
古荔多株。

西禅寺建筑宏伟，景色
宜人，历代名人骚客多有题
咏，这里录二首。李纲被贬福
州，作《西禅斗车堂》："杰
阁雄楼杳蔼间，佳辰良夜共跻
攀。斗回曲柄临华栋，月涌
清光出远山。急景行将悲晼
晚，此身难得几时闲。世间
百事何时了，且对金尊一解
颜。"朱彝尊咏西禅荔枝的
诗句有："露比三霄冷，浆
同十酒甘。倒囊元止渴，勿
药定祛痰。"

鼓山涌泉寺，在鼓山半山
腰白云峰麓，海拔455米处，
为福州五大丛林之一。寺西
南，从山下通往涌泉寺有石磴
2500余级，沿途有多座供歇脚
的亭子。寺前有一股泉水（罗

◎ 一百多年前的西禅寺藏经楼

◎ 西禅寺的宋代古荔枝树

◎ 如今的鼓山涌泉寺，天王殿两侧山墙已加修为
曲线形高于屋脊的风火墙

◎ 一百多年前的涌泉寺天王殿

汉泉）涌出，寺因而得名。此泉与现天王殿下龙潭相通。五代梁开平二年（908年），闽王王审知延请雪峰神晏法师住持。该寺现存多为明清建筑。1949年以后曾多次修葺。寺占地25亩，规模宏大。现存建筑物有天王殿、大雄宝殿、法堂、钟鼓楼、圣箭堂（方丈室）、祖堂、藏经殿、禅堂、念佛堂、客堂、斋堂、明月楼、放生池、回龙阁等。天王殿前有从福州南郊龙瑞寺移来的两座宋代千佛陶塔。圣箭堂前有相传为闽王王审知与神晏法师手植的千年铁树。藏经殿中藏有明版《南藏》、《北藏》，清版《龙藏》，涵芬楼影印的《日本续藏》、《杂藏》。本山永觉（元贤）、为霖（道霈）二高僧的著述7500多册，其中有的收入日本《续藏》。道霈的巨著《大方广佛华严经疏论纂要》120卷，弘一法师曾用鼓山原雕版印赠日本

◎ 一百多年前从香炉峰俯视涌泉寺的景观

各大寺。寺内尚存明清经版万余方，以及中国、印度、东南亚等地不同文字的血写经书、贝叶经675册。

寺东有灵源洞、弥勒阁、喝水岩、国师岩、忘归石、石门、水云亭等胜景。鼓山摩崖题刻是国家级文物保护单位，有题刻562段。其中名家名刻多集中于灵源洞、喝水岩一带。从涌泉寺绕过回龙阁，经过一石砌方门，门上有明代曹洞宗的代表人物本山住持元贤所书的"灵源深处"石匾，沿石磴往下行数十级，其下豁然开朗，周围皆石壁，岩窦嵌怪，

◎ 一百多年前的涌泉寺大雄宝殿室内景观

◎ 相传为王审知与神晏祖师手植的千年铁树

◎ 一百多年前喝水岩景观

林壑幽胜。山涧中有灵源洞，洞旁巨岩上刻有"喝水岩"三字。据说此处原有流泉，神晏祖师在此坐禅，因嫌泉流喧闹，大喝一声，泉水就逆流改道，从灵源洞之东的东涧流去，故巨岩名"喝水岩"。岩旁有一天然石柱，刻有宋徐锡之《题喝水岩》诗："重峦复岭锁松关，只欠泉声入坐间。我若当年侍师侧，不教喝水过他山。"意境清新，饶有兴味。喝水岩周围有蔡襄、李纲、赵汝愚、朱熹、张元幹、龚用卿、沈葆桢、郭沫若等众多名人题刻。

崇福寺，原名崇福院，在福州市郊北岭象峰南麓，为福州五大丛林之一。创建于北宋太平兴国二年（977年），后废。明万历四十七年（1619年），僧跬存在此创建养母堂，开基时掘得一方石额，上刻"崇福禅院"，始知此地即古崇福院故址。清康熙三十三年（1694年）复建，清末鼓山古月和尚又依涌泉寺规制重建殿堂，近来又重修过。现存建筑由天王殿、大雄宝殿、法堂、斋堂、禅堂、地藏殿、伽蓝殿、祖师殿等十八座殿堂组成，占地面积3816平方米。寺周冈峦环抱、松柏参天，有一涧水绕寺而过，环境静穆清幽。

崇福寺最值得一提的是，明崇祯年间，寺僧超然东渡日本长崎，依家乡祖寺规制在圣寿山也建了一座崇福寺。传承七代，皆为福州东渡的僧人任住持，促进了中日友好交流。现圣寿崇福寺被定为日本"国家重要文化财"加以保护。

瑞峰林阳寺，原名林洋院，为福州五大丛林之一，位于北郊桃枝岭瑞峰南麓。据《三山志》载，寺建于后唐长兴二年（931年），但后来在该寺附近发现刻有南朝陈"永定辛巳"（560年）的隐山禅师墓塔，让寺的历史推前了300多年。该寺屡经兴废，至清末已十分破败，魏杰有诗云："参天松竹绕林洋，道是先朝古佛场。香积厨空山鼠占，放生

◎ 重新修复增建的林阳寺

◎ 林阳寺天王殿

所废野狐藏。昙花满地开还落，树鸟惊人集复翔。有客登临深感慨，未知何日正门墙？"1912年，鼓山古月和尚发愿兴复此寺，来山住持，募资依涌泉寺规制修建林阳寺。该寺共有20多个殿堂，占地面积11100多平方米，建筑面积7704平方米，规模宏大。后广贤禅师又募缘重修，梵宫琳宇，重现辉煌。寺门有赵朴初题写的"林阳禅寺"匾。寺中客堂悬挂有日本赠送的观音绢画，堂柱有明代宰辅叶向高的行书楹联："安知住世君非佛，想是前身我亦僧。"书法苍劲有力，俊秀挺拔。大雄宝殿有弘一法师书写的"证无上法"匾。法堂保存有雍正十三年（1735年）刻印的《龙藏》六大橱。寺后院还有树龄约500年的罗汉松和古枫树。

罗山法海寺，原名兴福院，在城西。五代李仁达因南唐兵压境，乃移寺于今于山支脉罗山麓。明嘉靖初，寺沦为民宅。万历二十七年

◎ 法海寺天王殿

◎ 福清市海口的瑞岩山石弥勒佛和瑞岩寺

（1599年）复为寺。该寺成了晚明谢肇淛、徐熥、曹学佺等名流雅集酬唱之所。现存建筑多为清代重建，颇宏壮。福建省佛教协会设在此处。该寺是福州唯一现存的华严宗寺院。

瑞岩山瑞岩寺，在福清市区东南海口乡。山中巉岩怪洞，胜景甚多。山巅石岩，史载有一孔洞大如箕，水满其中，春夏不涸，人称可通海。北宋宣和四年（1122年），困栾居士在此创建瑞岩寺。佛殿梵宫依山而建，恢宏壮观。后历代皆有兴修，现存建筑为明末清初及民国初年所筑，多系硬山顶建筑。寺西有一巨大石雕弥勒佛像，据《海口特志·丛谈》记载：“元至正年间，邑人吕伯恭琢大石为弥勒佛像，高三丈五尺，石匠日间百人，至晚只有九十九人，疑是神助。”

明嘉靖年间（1522—1566年），戚继光率兵到福清平定倭乱，曾游瑞岩山，并增辟大洞天、归云洞、独醒石、望阙台、振衣台等三十七奇景。戚继光还在望阙台留下一首诗刻：“十载驰驱海色寒，孤臣于此望宸銮。繁霜尽是心头血，洒向千峰秋叶丹。”戚继光还撰有《瑞岩新洞碑》。

葛岭方广岩寺，在永泰县城东约20公里的葛岭山腰，据《闽都记》载，开辟于五代，后废。据明徐熥《方广岩记》载，宋庆历年间

（1041—1048年），邑人复搜得之，"遂架阁其中，以奉浮屠"。方广岩是天然岩洞。山下有一清溪，两山夹峙，水波激滟，与方广岩组成一幅天然风景画。从溪口山门有山道通往山下，松篁夹径，逶迤曲折。古道尽头，还须登数百级石磴，方能抵达方广岩，道旁石壁上，刻有元王用文书的"飞瑞"二字，形容山中夹洞飞泉。在近洞口道旁刻有明林应宪所书"方广洞天"四个大字。方广岩洞，高约40米，宽广各20多米。洞顶钟乳悬垂，或状似鱼、龙、禽、兽，或状似奇花珍果，光怪陆离。洞口岩檐有水帘下垂，洞中有始建于宋庆历年间、后代重修的大殿、僧寮、禅房、方丈室、香积堂。殿前有明代林应起重建的天泉阁，天泉阁建在百余根大杉木梁架上，面临百丈深谷。方广岩寺颇似山西悬空寺，缥缈云际，险峻奇绝，钟声悠扬，俨然仙境。元代林泉生题有名联："石室云开，见大地山河，三千世界；水帘风卷，露半天楼阁，十二栏杆。"

莲花山圣水寺，在罗源县莲花山，离城半里许。此寺讲究风水，中轴线正对着县城西南的笔架山，寺旁又有笔砚石，可见创建此寺有祈望

◎ 罗源圣水寺

◎ 圣水寺左侧的栖云洞

◎ 圣水寺的鼓楼

罗源文风昌盛之意。寺始建于北宋绍圣三年（1096年）。现存殿宇为明、清、近代所建。寺院依山势而建，空间格局，自然奇巧。沿中轴线为山门、天王殿、莲池、钟鼓楼、大雄宝殿、法堂。大殿右侧为僧房、香积厨，左侧为栖云洞，是天然石洞，巨大岩石覆盖如瓦，洞前一泓清泉，终年不

◎ 栖云洞内宋代十八罗汉石像，其中两尊为明代雕造

竭。洞内有南宋时雕造的十八尊罗汉石像（其中两尊为明代补刻），足部刻有施舍者姓氏，其中一尊有"淳祐八年"，即1248年的纪年题识。寺洞之外，林木扶疏，环境幽雅，尚有明清摩崖题刻及笔砚石等胜景。

◎ 永泰县凤凰寺的大雄宝殿

　　杉洋山凤凰寺，在永泰县二十四都。寺前有石室，名圣君岩，祀张圣君。杉洋山形似凤凰，寺因山之形状而得名凤凰寺。现存寺院为明代原构，大殿前檐廊甚宽敞，殿宇构架简洁疏朗。寺前涧水潺潺，寺周林木翁郁，景色宜人。明谢肇淛有诗纪其胜："峻岭斜呼过，杉洋憩化城。偶逢山客谒，因识野僧名。邻舍分松色，空廊闭竹声。最怜青嶂外，旧有凤凰鸣。"

　　东门地藏寺，在福州东门金鸡山南麓。淳熙《三山志》记载，唐乾宁元年（894年）置，殿塑地藏，因名之。历经兴废，清同治三年

◎ 原地藏寺山门

（1864年）重建殿堂，1987年重建大殿，为尼院。寺由大士殿、达摩祖师殿、弥勒殿、伽蓝殿、念佛堂、文昌宫、斋堂等组成。寺后院有树径3.2米的古樟树。戊戌变法六君子之一林旭的家本就在东门，林旭遇害后，其友不避危险，殓尸辗转运回福州，曾停放于地藏寺内。古樟树下，有清儒商魏杰的诗刻："金鸡洞壑白云间，围住真山当假山。五岳匡庐常到眼，免携杖履远跻攀。"

原为宋代嘉福院的于山大士殿，辛亥革命时为福州光复之役的前敌总指挥部。

于山万岁寺（俗称白塔寺），在福州市于山定光塔正南，唐天祐元年（904年），王审知创建，五代梁开平元年（907年），上表请其寺为祝天子寿，故名万岁寺。宋代地方长官仍率僚属在此寺祝宋帝寿，历代均如此。大雄宝殿正中的廊檐柱上刻有对联："礼觉皇十号，祝天子万年。"

现存万岁寺是清代建筑，以白塔为中轴线，依山逐层升高，主要有天王殿、大雄宝殿、法雨堂，殿堂有廊屋相接。大雄宝殿为重檐歇山顶建筑，重檐间密布有如意斗拱（俗称鸭脚掌），颇有地方古建筑风味。法雨堂是为纪念僧义收舍身祈雨而建的。同治年间，左宗棠、沈葆桢创

◎ 于山鳌顶峰西南侧的于山大士殿和真龙庵

◎ 一百多年前的于山万岁寺（俗称白塔寺）

办福建船政学堂，严复等为第一期学生。由于校舍未建好，就寄读于白塔寺法雨堂。严复十分怀念这段时光。他曾在《海军大事记弁言》中记录了这段往事："晨夜伊毗（英语Ａ、Ｂ）之声与梵呗相答。……回首前尘，塔影山光，时犹呈现于吾梦寐间也。"

说到中国建筑史，应特别提到屏山华林寺（原名越山吉祥禅院），据淳熙《三山志》记载："怀安越山吉祥禅院……钱氏十八年，其臣鲍修让为郡守，遂诛秽夷巇为佛庙，乾德二年也。"建寺距今已逾千年，它是我国江南现存最古老的木构古建筑。现为全国重点文物保护单位。

现有大殿为面阔三间、进深四间的单檐歇山顶建筑，高12.5米。华林寺有四大特点：其一，经放射性同位素^{14}C测定，该寺距今已有1300年以上历史，据此推测华林寺原有木构是从其他老建筑移来再建的。其二，华林寺用"材"之大是罕见的。其三，大殿保留了早期建筑的风格，如两头卷杀的梭柱，长达两步架的真昂后尾，精美的团窠彩绘等都极有研究和保存价值。其四，大殿的某些做法，如皿斗、丁头拱等与日本古建筑天竺样有相似之处，显然日本是受到中国影响，它是中日建筑交流史的实物见证。

◎ 华林寺

◎ "古饮马泉" 旧址

　　这里还要特别提到对中国传统文化做出重要贡献的开元寺，该寺位于福州市开元路芝山上。寺建于南朝梁太清二年（548年），初名灵山。唐开元二十三年（735年），改今名。

　　佛教传入中国已有1900多年的历史，到了唐代智昇把历代流传的佛教经典著述汇编成《开元释教录》，这样汉文大藏经的规模基本定型，有5048卷，这些经卷都是手抄本。到了宋代，宋太祖令人在四川成都雕刻，开封印刷，出版了第一部官刻的大藏经，世称《开宝藏》，然而民间仍难得到。因此，民间就有了私刻的藏经。闽清陈旸到福州东禅寺（惜东禅寺二十年前被毁）劝刻藏经，终于刻成我国第一部民间私刻的藏经《崇宁万寿藏》，继而开元寺也募刻了《毗卢藏》。福州能完成工程浩大的我国最早私刻的藏经，说明当时福州的雕版印刷水平很高。开元寺内，现建有毗卢阁，收集贮存原《毗卢藏》残本及日本送来的影印本。

◎ 开元寺铁佛殿

◎ 开元寺宝松和尚像

　　开元寺内有一座宝松和尚重修的铁佛殿，内有一尊铁佛，为阿弥陀佛，佛高5.3米，结跏趺坐于莲台上，外披泥贴金，法像庄严，慈祥安谧，衣纹流畅，造工精美。佛像铸年文献记载不同，一说为五代闽王王审知所造，一说在宋元丰以前。清顺治十六年（1659年）重修大殿时，曾在佛座下发现一银塔，上有"宋元丰癸亥正月初一日立，刺史刘谨"的题款。然而这尊铁佛确实有唐末五代佛造像的风格。铁佛殿前原有一副饶有兴味的

◎ 空海铜像

◎ 开元寺的"空海入唐之地"碑

佳联，是明末曾异撰所作："古佛由来皆铁汉，凡夫但说是金身。"

曾募缘重修铁佛殿的宝松和尚是一位慈悲为怀、热爱和平的高僧。越南战争时期，他正在越南，对于美国直接介入越南战争，造成平民大量死亡非常揪心。为了反对战争，呼吁和平，他在西贡街头，舍身取义，身浇汽油自焚，当时世界各国的许多电视台都播放了这一震撼人心的场景。

开元寺还有日本友人送来的一尊日本高僧空海的铜像，寺内有日本友人立的"空海入唐之地"碑。唐贞元二十年（804年），空海因船遇风，漂至福州长溪（今霞浦县），在赤岸登陆，到福州后就住在开元寺。后来空海又到长安求法，学会了中国的诗画。他将中国的文化带到日本，并借鉴汉语，发明了片假名，他对日本文字的形成做出了重要贡献。

福州有许多道教的宫观。道山观在乌山之东，明以前就有玉皇阁。清顺治中，郡人孙昌裔舍地增修。道山观依山而建，中轴线上的建筑建在落差不等的台地上，依次为前殿、三清殿、玉皇阁。玉皇阁前有抱

◎ 道山观前殿

厦，抱厦为拜亭。前殿及玉皇阁是建在高台及陡峭的崖壁上，从远处看道山观犹如空中楼阁。

道山观一带还发生过一起重要的历史事件——"乌石山教案"。光绪二年（1876年），英国人擅自在道山观附近隙地增建四幢楼房，在道山观教书的举人林应霖联合绅耆雷在南等向巡抚衙门控告英国人违规建筑。福建巡抚兼船政大臣丁日昌奉旨查办此案，向英国领事交涉，结果允将乌石山房屋交还并以南台岛电报局楼房对换。不久丁日昌离职，英教会狡赖不执行，反而在乌石山扩充占地，大肆兴工。一日某教士在山麓调戏妇女，樵夫上前责问，反遭殴打。樵夫与该女丈夫及其翁往教堂说理，竟被其他教士扭送县署，激起民愤，一时聚集万余人。武生董经铨、乡民林依奴等率众拆毁新楼并焚烧旧楼房两间。英代理公使傅磊斯往总理衙门交涉，总理衙门非常震惊，谴责怪罪下来，闽浙总督何璟惶惶不安，忙将侯官知县刘恩第、千总蒲大兴摘去顶戴。董经铨、林依奴被捕，林应霖被押至洋务处候处，议定赔银三千两。群众见当道者如此媚外，更加激愤，派代表分赴各官厅具状控告教士。正谊书院山长、原云南巡抚林鸿年也上书为林应霖剖白。光绪四年（1878年），朝廷派丁日昌为查办大臣再次入闽，英国也派傅磊斯来闽调查。在英领馆的法庭上，人证、物证俱在，众怒难犯，英方不得不依照丁日昌前议，将道山观房屋交还，与南台岛电报局洋楼对换。这一事件的胜利再次体现了福州人民英勇不屈，勇于捍卫民族权益。

于山九仙观（俗称天君殿），在于山东山顶。北宋崇宁二年（1103年），郡人认为福州右边乌山较高，左边的于山较低，右强左弱，故在于山东建天宁万寿观补救。天宁万寿观曾改名报恩广孝观、光孝观，元至正初改名九仙观。观是在原五代王延钧的宝皇宫旧址上兴建的，清翰林叶观国有诗言及此事："三清台阶玉重重，笃耨香烧晓露

◎ 九仙观之碧霞宫

◎ 于山东山顶九仙观之天君殿

◎ 天君殿与玉皇阁之间的覆龟亭

◎ 九仙观钟楼

浓。欲问宝皇旧宫殿，天明听取九仙钟。"观由照壁、石台阶、钟楼、鼓楼、正殿、玉皇阁、斗姆宫、碧霞宫组成。正殿歇山顶五开间。玉皇阁为歇山顶双层楼阁，正面是石刻龙凤廊柱，十分精美。殿与阁有覆龟亭相接。

九仙观对中国文化有重要贡献。其一是在此观刊刻过《万寿道藏》。《道藏》是道教经书的总辑。第一部《道藏》修成于唐玄宗天宝初，称《三洞琼纲》，然而是手抄本，流传不广。到了宋徽宗政和年间（1111—1118年），朝廷下诏广搜道书，设局校定，由元妙宗、王道坚等主其事。定本送福州，命福州知州黄裳监雕，黄裳即组织人员在天宁万寿观（即九仙观）雕版，所成的藏书称《万寿道藏》。

另一重要的文化贡献就是明代黄仲昭曾在九仙观之东轩编修《八闽通志》，从成化甲辰（1484年）至弘治己酉（1489年），历六年艰辛，终于完成了这一综合全省内容的重要地方志。现在九仙观右侧的于山胜

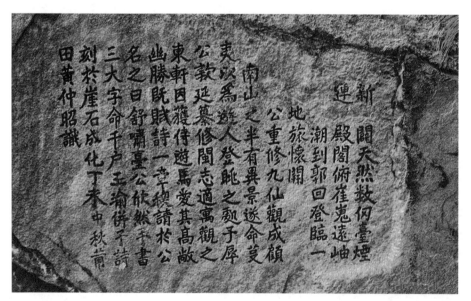

◎ 黄仲昭题刻

景舒啸台边仍保存有黄仲昭的摩崖题刻。

古籍还记载了九仙观的有趣传说。据传宋代莆田才子陈俊卿和黄公度进京赶考，途经福州。一天黄公度来到九仙观虔诚进香，并求签指示前程。得一签，上书："汝之命运在俊卿之口。"黄公度回到住处，便问陈俊卿："这次进京赶考，前程如何？"陈俊卿说："我状元，你榜眼。"黄公度不悦："何以扬己抑人？"陈俊卿改口说："你先状元，我榜眼。"黄公度认为是戏言。不久他们到杭州考试，果然黄公度考中状元，陈俊卿考中榜眼，一个县竟然独占了头两名，确实不易。在琼林宴上，宋高宗就问道："卿的家乡有何珍奇的东西？"黄公度答道："有子鱼、紫菜、荔枝、蛎房。"陈俊卿则说："土瘠松树劲，人穷志读书。"宋高宗听后说："公度不如俊卿，赐俊卿第一。"以上是传说，历史上，陈俊卿和黄公度都是宋代名臣，他们都因反对秦桧的卖国行为而遭到贬抑。陈俊卿后来官至宰相，凡所奏请，都关治乱安危大事。他慧眼识人，力荐虞允文才堪宰相。黄公度善诗文，是宋代著名词家，有《知稼翁集》、《知稼翁词》传世。

高盖山名山室，在永泰县城西25公里之大洋镇，山亦名紫云山，为道家所说的"第七福地"。据史书记载，五代闽国王延钧，不遵其父王审知"宁为开门节度，不为闭门天子"的遗训，自立为帝，在龙启元年（933年），封高盖山为西岳，霍童山为东岳。王延钧在此封禅郊天，以示"君命天授"之意。高盖山自古即是名山，《搜神记》记

◎ 名山室现存的宋嘉泰元年（1201年）的摩崖题刻

◎ 石窟内关于传说中舜的浮雕

◎ 名山室的石窟寺艺术

◎ 名山室的石窟寺艺术

◎ 通往名山室的天梯

有东汉徐登、赵炳在此修炼成仙的故事。山中仍留有徐、赵二真人的许多遗迹。高盖山糅合着丹霞地貌和火成岩地貌，因而此山既有武夷、九曲的妩媚秀美，又有火山燧岩的峥嵘险峻。山下，小溪蜿蜒；山中，杉桧错杂，更有翠竹幽篁。春天，山下的小径旁，桃花、李花、辛夷、油菜花烂漫其间，真是个神仙世界。此山后来成了僧道混合的名山。

山中多洞窟，最著者有东、西两石室，人称"名山室"。从山下通往山上的石室，铺有石磴，中经石门，石门的百级石磴，笔直陡峭，犹如天梯。上山的石磴有两千级。西边石室有我省少见的石窟寺艺术，除了浮雕有佛教故事之外，还雕有古史传说时代三皇五帝之一的虞舜的故事。舜以孝闻名，他的父亲、继母及继母所生之子象，百般设计谋害他，他总是聪明地化险为夷。而对父母仍恭敬孝顺，对弟弟谦让友爱，他的行为终于感动了父母和弟弟，一家人又和睦地生活在一起。在舜的浮雕像下有一头象，这大概就是代表其弟象的。按史籍记载，尧为了考验舜，就让舜躬耕于历山，渔于雷泽，陶于河滨。从石窟浮雕可见舜手中拿着农具（系在木棍上的石镰），这正说明舜躬耕于历山。在舜的左下方，可见一条大

◎ 元代石佛像

◎ 名山室的宋代四柱亭

◎ 洞窟中的四柱石亭

鱼游于水中，说明舜渔于雷泽。在舜的右下方，有一人，面前有一制陶的轮，轮上有一团陶土，似乎正在造一件陶器，说明舜陶于河滨。这组浮雕的内容，在全国石窟寺艺术中，目前还找不到第二例，极为珍贵，很有研究价值。

东边石室的山顶，有飞泉落下，形成水帘，东边石室有一洞窟，内有一座歇山顶的四柱亭，为宋代原构，非常珍贵。沿着山崖往上攀登，还有一个洞窟，内有一座宋代石构四柱亭，亭内有石香炉，香炉后有石构须弥座，供奉一尊元代石佛。有人说此石佛是摩尼教造像，其形象不类一般佛像，石亭子上部的纹饰也不同于一般佛教纹饰，是否为摩尼教佛像有待进一步考证，如是摩尼教，则这里是除了泉州草庵之外的全国第二处摩尼教遗址，极为珍贵。

下面谈谈民间信仰的庙宇。这类庙宇十分庞杂，主要有祭祀远祖族源（图腾崇拜）的；有对历史对人民有贡献，人民立庙纪念的；有历史上确有其人，死后被人们神化的；有民间造出来的各类土神及古代神话传说、演义故事中的神灵。

福建最早的先民是闽族人，以蛇为图腾，这种崇拜蛇的习俗，至今仍有遗存。如新中国成立前，许多妇女头上戴有蛇簪。蛇王的庙宇各地

◎ 闽侯县洋里乡的蛇王宫

◎ 闽清县坂东镇的汉闽越王庙

还保存有一些，南平的樟湖坂，江边有蛇王庙，长汀西门外罗汉岭至今还有蛇王宫。福州市区现已无蛇王庙宇，但郊县仍零星存在。如闽侯县洋里有蛇王宫，位于龙岩寺的后面，古朴、庄重，引人遐思。到了战国中期，越王勾践的后代率越人入闽，与闽族融合为闽越族。

第二种庙宇中，有无诸庙。无诸为勾践的十三世孙，他是福建有史记载以来，第一位开闽王。他曾自立为闽越王，秦末随诸侯起兵攻秦，秦亡后，又佐汉击楚，立有战功。汉高祖五年（前202年），刘邦复封无诸为闽越王，在冶山一带建立国都冶城，这是福州历史上的第一个城

◎ 闽侯县洋里乡的闽越王庙

池。无诸在福建开疆拓土，发展生产，促进了福建的发展，人们立庙纪念他。福州市茶亭原有祖庙就是奉祀无诸的。在南台钓龙台（今福州四中）建有闽越王庙，人称大庙，山亦名大庙山。此庙在抗日战争时被毁。现福州郊县仍有一些纪念无诸的庙宇。如闽侯洋里乡仙洋村就有闽越王庙，这座庙的外墙是生土夯筑而成的，墙基是蛮石砌筑的。庙有三进，头进为戏台，二进为大殿，三进是一座阁楼。闽越王庙建于傍山的田畴之中，我们不能不感慨：历经2000余年，山野之民至今仍然景仰无诸！在闽清县坂东镇的公路旁笔者也见到无诸庙，这座庙的门额上书"汉闽越王"四字，门两旁有一副对联："德政垂千古，仁风播八闽。"

在福州茶亭街河上村有一座"救生堂"，这是纪念董奉的。董奉是汉末三国时与张仲景、华佗齐名的三大名医之一。他的老家在长乐古槐镇附近董奉山（山名也是纪念他的）之南。他的医术非常高明，《三国志·吴书·士燮传》裴松之有一段注文：交阯太守士燮有一次"病死三日"（应是病重昏死三日，人皆以为无救），董奉大概觉得士燮是个勤政爱民的好官，就着力救治。他给士燮一丸药，含在口中用水灌服，双手捧着面颊轻轻摇动，药丸服下不久，士燮双目张开，手也能动，脸色也渐渐恢复如常。再过四天，恢复说话一如常人了。董奉确实是一位名医。后来，他在庐山行医，不收病人钱，唯要求病愈者种杏，经若干年，植成了

◎ 河上救生堂

大片杏林。从此"杏林"、"杏坛"、"杏苑"成了中医学界的代称。

福州民间已将董奉奉为道教神仙，归入闾山法门。河上村的村民都是明初从长乐古槐旒峰村迁来的，其先人把董奉庙（救生堂）一并迁来，世代供奉。河上村的村民是闽王王审知的后代。

在福州仓山盖山镇上岐村崎角山麓有一座尚书祖庙，它是奉祀宋末陈文龙的庙宇。陈文龙，宋度宗咸淳四年（1268年）状元，他生于忧患，官于忧患，因得罪奸相贾似道，屡被贬黜。元军大举南下，贾似道兵溃鲁港，陈文龙复起，后升参知政事（副宰相）。元军攻下临安后，景炎元年（1276年），益王赵昰在福州称帝，陈文龙复为参知政事，权知枢密院事，又以闽广宣抚使讨伐漳州之叛，平定兴化石手军之乱。元军入闽，陈文龙领兵转战各地，抵抗元兵。在守兴化军时，通判曹澄孙开门降敌，陈文龙与家人被俘，被押送至杭州，陈文龙绝食而死。据传说，陈文龙死前曾脱下外衣，咬指血书"效死勿去"。此衣被风吹至钱塘江入海，又漂浮至闽江口，随潮漂到阳岐江滨，乡人拾得血衣，感佩不已，遂集资建庙。福州人奉陈文龙为水神，称水部尚书，所以庙名"尚书庙"，阳岐是第一座，故称"尚书祖庙"。凡行船走海及捕鱼的皆信奉陈文龙，认为可保佑水上平安。福州有许多尚书庙，著名者为万寿尚书庙、三保尚书庙、竹林尚书庙。尚书庙还分香到台湾马祖岛，连古琉球国人也信奉陈文龙。

◎ 仓山区阳岐的尚书祖庙

老家在阳岐的严复，从小崇敬陈文龙的爱国气节。严复晚年回乡养病，见庙破旧，便带头作启募缘，并主持修复尚书祖庙。祖庙门墙十分高大雄伟，门上有严复手书"尚书祖庙"匾额。墙基还有几块青石板，剔地阴刻着生动的花卉图纹，十分精美。

第三种，沿海最有名的是敬奉妈祖及临水夫人陈靖姑。妈祖亦称天妃，姓林名默，莆田湄洲屿人，生于北宋初，她很年轻就去世了，民间奉她为能救人于海难之中的海上女神。临水夫人一说是唐末人，一说是五代时人，生于福州仓山下渡尾。传说她能帮人祈雨除旱，更主要的，她也是妇女儿童的保护神。福州有许多妈祖庙，保存较好的有马尾区亭江镇的怡山院和螺洲的天后宫。

怡山院，位于现在闽江畔亭江中学。现有建筑为风火墙式建筑，前

◎ 马尾区亭江镇的怡山院

◎ 怡山院的后部

◎ 怡山院的藻井

有戏楼（已拆损改为门厅）、覆龟亭，左厢为怡怡斋、正殿、观音堂。覆龟亭及正殿都有彩绘精美的塔形藻井。观音堂东壁上还保留有清同治五年（1866年）的石碑，系册封副使于光甲所立。明清两代，册封使奉旨渡海出使前及回归后，多有到怡山院进香，琉球贡使、商人也常来进香。怡山院是中国与琉球国（今属日本，为冲绳县）友好交往的历史见证。原怡山院天后宫神龛两旁的幛幡皆琉球人所送。另宫内原有一件皇帝御赐的贴金御香盒，上饰龙纹，十分精巧，惜皆在"文化大革命"中丢失。怡怡斋是当地进士王有树的读书处。清同治七年（1868年），"川石教案"发生时，王有树曾集合乡民在此议事，商议抵抗英国传教士强占川石岛之事。经过艰苦斗争，终于粉碎了英国传教士的阴谋。

螺洲天后宫位于乌龙江畔，宫前岸边，古榕苍翠，江对岸，五虎山雄屹江干，这一带风景殊佳。

第四种，福州的五帝庙。五帝指的是张元伯、钟师秀、刘仁杰、史文杰、赵公明，他们是瘟神。古代福州不注意饮食卫生，时有疫病流行，于是在民间就有了瘟神信仰。有一种传说，这五位瘟神（五灵公）原是读书的举子，一日黄昏，途经某村，听见数小鬼聚一古井说话。一鬼说，明日乡民饮此井水都将丢命。另一鬼急忙阻止他往下说，谓天机不可泄，走漏风声要获谴的！听了小鬼的议论，五举子就不再赶路，先告知乡民，但乡民不信，仍要打井水饮用。为了救人，五举子便舍身取义，亲自饮下有毒的井水，不久一个个脸色全变，形貌也变得丑陋不堪，最后死去。乡民感念五举子恩德，便立庙尊为瘟神。福州民间传说，如有人做了什么错事，就会出现五怪：水猴、水鸟、水蛙、蛤蚌、鲈鱼作祟散布疫病，以示惩戒。如果人民敬奉五帝，便可驱瘟消灾免祸。也有人认为福州五帝信仰源于徽州的五通信仰。旧社会发生过神棍借助五帝敛财，欺蒙百姓贻误人民的事情。历史上，有些开明官长将其列为淫

◎ 仓山区螺洲的天后宫

◎ 南台岛淮安乡的五帝庙

◎ 五帝庙的彩绘壁画

祀，加以毁禁。民间于是将五帝庙改名或引进关公、慈航道人、临水夫人相伴，以此得以保留。民间的五帝庙，有的建得富丽堂皇，十分壮观，如淮安的五帝庙，对于研究古建筑具有一定的价值，同时也记录了一种民俗。

◎ 五帝庙抱厦（拜亭）的藻井

东岳庙、泰山宫，祭祀的是东岳神（泰山主神）天齐仁圣大帝，其副为温、康两元帅（也有称都统的）。泰山信仰全国都有，在福州民间影响也较大。泰山主神，有的说是天帝之孙，有的说是天帝外公，也有的说是刘翁、孙点、黄飞虎、岳飞等等，福州人则较相信是《封神演义》所说的黄飞虎。泰山主神的职责是沟通天上与人间的关系，他还主管冥世，能依据人的善恶决定人的寿命修短，所以民间对他甚是敬畏。福州东门外的东岳庙，史载"即五代闽所建东华宫之泰山庙"，历代皆有重修与扩建，曾是福州市最大的寺院宫观之一。由于历史的原因大部分已毁，仅剩部分殿宇。而福州城乡依然存有不少泰山宫。建筑较有特色的有屏山东麓山头角的泰山宫与闽侯县南屿炉烽之麓的福炉寺。福炉寺名为寺，实为泰山宫。此宫原为天后宫，后变为泰山宫。福炉寺门楼高大宽敞，雕造华美。进门为

◎ 屏山东麓山头角的福州九峰泰山宫

◎ 闽侯县南屿镇的福炉寺

戏台，两侧有飞廊与前殿相接。前殿与后殿之间的天井上有一座精致的石构奈何桥，民间传说泰山主神管摄冥界，泰山常派员将人的灵魂勾去，一过此桥，人就不复生了。

福州市南台岛的潘墩村，有福州最集中、最大的祠庙组群：太保宫（祀白马王）、毓麟宫、潘氏祠堂、英烈祠、天后宫，另外还有文天祥庙。

金山寺塔，在福州市西郊洪塘，塔在江心石阜上，为宋代仿楼阁式七级实心石塔，高不足十米，塔周环构庵堂。古人以其比拟镇江的金山，故有"小金山"之称。塔前一殿，石柱刻一名联："日夜长浮，不用千篙争上水；乾坤屹立，独能一柱砥中流。"塔后的楼阁祀观音，塔两侧有厢房，左为怡怡斋，右为借借室，环境清幽。一水奔流，九山环抱，风景殊佳，向为游览胜地。明抗倭名将张经少时曾在此读书。

千佛陶塔，在鼓山涌泉寺天王殿前，计一对，原在南郊龙瑞寺，

◎ 一百多年前的金山寺塔

◎ 现存的金山寺塔

◎ 鼓山涌泉寺千佛陶塔

1972年移建此处。东塔名"庄严劫千佛宝塔"，西塔名"贤劫千佛宝塔"，塔为陶制，烧造于元丰五年（1082年），塔龛塔壁塑有1038尊佛像，陶制古塔是全国独一无二的。

福州还有许多塔，将在后面"装修艺术"中介绍。

◎ 建于元代的连江云居山
　无尾塔

◎ 马尾罗星塔

◎ 连江含光塔

◎ 林阳寺隐山墓塔

◎ 永泰大洋镇麟瑞塔，为
　福州现存唯一的木塔

◎ 闽侯大湖乡抗日烈士
　纪念塔

六、坊巷村寨　千古沧桑

——传统街区、名村、名镇、古寨

福州传统街区，基本保存原有风貌的是三坊七巷与朱紫坊。

三坊七巷在福州城区的西南。三坊为衣锦坊、文儒坊、光禄坊。七巷为杨桥巷、郎官巷、塔巷、黄巷、安民巷、宫巷、吉庇巷。现杨桥巷、吉庇巷已扩建为大街。三坊七巷源于唐末王审知扩建新城。王审知当政时，嫌原有子城狭隘，在子城外环筑罗城。罗城由钱纹砖砌筑而成，是当时全国唯一的砖城。也就是在此时，三坊七巷成了罗城西南的重要区域，城坊格局初步形成，一直延续至今，是研究我国城坊历史的活化石。我国这种类似棋盘的城坊格局，影响了日本、朝鲜等国都城的建设。三坊七巷西、南两边正好是罗城西、南城墙的界址。城墙已不复存在，但

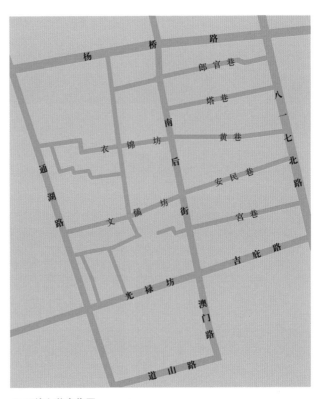

◎ 三坊七巷方位图

◎ 金斗桥

◎ 文儒坊边的罗城护城河

护城河依然存在。西边河渠上还保留着馆驿桥、金斗桥、金斗二桥，其中金斗桥是罗城金斗门外的重要桥梁。南边河渠上有虹桥（即老佛亭桥）、澳门桥（即清远门桥，俗呼"鸭门桥"）、安泰桥。澳门桥是罗城南边三座城门之一——清远门外的重要桥梁；安泰桥是罗城正门——利涉门外的重要桥梁。这些河、桥都是罗城建筑史的实证。这些护城河还是当时货运的

◎ 三坊七巷通往西水关之观音桥

◎ 建于明代的石拱桥——馆驿桥

◎ 衣锦坊内欧阳推宅之花厅

航道，北宋龙昌期诗云："苍烟巷陌青榕老，白露园林紫蔗甜。百货随潮船入市，万家沽酒户垂帘。"这一带颇具秦淮人家的风情。

三坊七巷还保留着极为珍贵的古代城市管理的遗迹。如在文儒坊口附近的坊墙上，嵌有一方清光绪年间的坊规里约碑。

许多重大历史事件在三坊七巷留下印记，它记录了千年沧桑。如安民巷的得名，据说是黄巢起义军攻入福州城，为了安定民心在此处贴出露布（布告）。文儒坊有明代名将张经的故居，张经曾在王江泾指挥军民抗击倭寇，取得重大胜利，它记录了明代嘉靖年间的抗倭历史。在南后街与杨桥巷交会处有林觉民故居，林觉民是辛亥革命时期广州起义中牺牲的革命烈士，其故居也记录了一段辛亥革命的历史。吉庇巷谢家祠，在

◎ 文儒坊门内墙的古代坊规里约碑

◎ 宫巷刘冠雄故居头进厅堂与厢房

◎ 宫巷刘冠雄故居正门

◎ 林聪彝宅的假山、鱼池

◎ 塔巷的石板古道

1919年五四运动时期，福州爱国学生为响应北京发生的五四运动，曾在祠内成立了福建学联。它记录了五四运动的历史。安民巷则有新四军办事处旧址，它记录了抗日战争时期国共两党联合抗日的历史。

三坊七巷保留了明清民居200多座。

三坊与七巷间有直贯南北的长街——南后街。自古就开设有旧书铺、裱褙店、古玩店、花灯店等，诚然是古文化街。番禺举人王国瑞作诗将南后街与北京琉璃厂相提并论："正阳门外琉璃

◎ 衣锦坊

◎ 宫巷林聪彝宅正门

◎ 林聪彝宅花厅短墙上的竹节纹青石窗棂

◎ 林聪彝宅的佛手形垂花柱

◎ 刘冠雄宅花厅中的假山及石磴

◎ 闽山巷

◎ 方伯谦故居正门

◎ 芙蓉园的正门

◎ 朱紫坊的萨镇冰、萨本栋、萨师俊故居正门

厂，衣锦坊前南后街。客里偷闲书市去，见多未见足开怀。"可见当时南后街书市的兴盛。

三坊七巷多居住着世代簪缨的官宦人家、文人学士。名人故居甚多，如黄璞、陈襄、张经、黄任、甘国宝、梁章钜、陈寿祺、沈葆桢、郭柏荫、林聪彝、陈衍、严复、刘冠雄、林觉民、翁良毓等。

朱紫坊位于城区东南，法海路北面，坊北是罗城南护城河——安泰河的东段，河岸上古榕成樾。朱紫坊有悠久的历史，因北宋朱敏功兄弟四人皆登仕版，朱紫盈门，故得此名。朱紫坊有许多名人故居，如明代学者谢汝韶、谢肇淛，曾居住此地，近代海军宿将萨镇冰，参加过甲午海战的方伯谦，主持过福州船政的陈兆锵，在抗日战争中壮烈牺牲的"中山"舰舰长萨师俊以及厦门大学校长萨本栋、著名的天文学家张钰哲等名人也都居住于此。朱紫坊里还有宋代理学家黄榦及明代学者董应举的祠堂。朱紫坊还有著名的古典园林——芙蓉园，原为宋代参知政事陈韡的芙蓉别馆，明初籍于官，其园遂废。清又重修。此园历经沧桑，部分毁损，为福州市现存最精巧的园林。

福州的名村、名镇、古寨一般分为两种：一种是原先就同族聚居，并按规划建起的历史悠久的古乡村、古寨；一种是明清时期由军事城寨逐渐演变为民居的村寨。

濂浦村在福州南台岛东端，该村是林姓族人聚居之地，所以村名又叫林浦村。林浦是个历史悠久而又美丽的江滨古村。古村的历史应从五代算起，据《濂江林氏家谱》所载明林镠的序云："稽我远祖，五代间自固始入闽，卜居斯乡。因用吾姓而名乡之浦曰林浦，岐曰林岐，

◎ 濂浦村"尚书里"石牌坊

◎ 林桥

◎ 护村河浦

桥曰林桥。"可见林浦村已有千余年历史。

村口在南，迎面就是一座历经风雨的石牌坊。这是一座四柱三楼式的牌坊，上刻"尚书里"三个金字，牌坊的背面石板上刻有明清两代各科林氏进士、举人的名字，数目之多，令人吃惊。举人中既有文举又有武举，甚至武解元，可见林浦村科第之盛。穿过牌坊就到了护村河（内浦），河旁是凉亭（古代街亭的遗制），跨河为宋代的石桥。经过深入探查，我们终于发现：这座古风犹存的名村原先是按规划构筑而成的，村西北面临濂江（闽江的支脉），环村的护村河浦就是从村西头引入濂江水，沿东南穿过村口林桥又折向东北，经过太保亭再折向北，经更楼，绕过金圣侯（千里眼）亭，复流入濂江。这样环村皆是水，有利于护卫村子的安全。笔者曾访问过村中老人，护村河浦周围原先是否有寨墙。老人们说没有，早先是环浦密植水杉以作藩篱护村。村子几个出入口处都

建有亭子，并供奉神灵：东南口
有太保亭，西南口有马元帅亭，
东北口有金圣侯亭。村子有一条
中轴街道贯穿南北，由北向南共
分四段：泰山前、林浦街、进士
里、林桥里。其中进士里与林桥
里转了个弯再通往村口林桥。中
轴街的两旁有序地分出横向的支
路：龙角街、衙前、衙后、太保
里等。村子的东端，建有更楼，
也许因这里能迎来最早的曙光，
它相当于城市的鼓楼。值更的更
夫，晚上从这里出发，沿街巷打
更报时，巡察街巷，严防盗贼，
提醒乡人注意火烛。

　　林浦村最重要、最宏伟壮观

◎ 太保亭

◎ 马元帅亭

◎ 金圣侯亭

◎ 玄帝亭

◎ 泰山宫与平山福地（宋帝行宫）

◎ 建于宋代的濂浦邵岐石塔

的标志性建筑，是村西北的泰山宫与平山福地（这组建筑实际是宋帝行宫遗址）、村东南的林氏宗祠（世宫保尚书林公家庙）、村东北的濂江书院（文昌阁）。

村子除了林氏宗祠外还有分布于不同方位的各房支祠：御房、益房、丰房、见泉祠等。林浦村有不少明清民宅，其中最著名的是宋帝行宫后面的"濂浦炽"（林寿熙）的大宅院。

当我们在游览林浦这些有特色的建筑时，你会发现，你是在读史，你会讶异这么一个小小的古村，居然能读到这么多的中国历史的重要片断。

◎ 濂浦古街

◎ 濂浦鱼牙

在泰山宫、平山福地，我们读到了宋末元初一段悲壮的历史。德祐元年（1275年）三月，元兵攻破临安，宋恭帝和谢、全两太后被俘，皇族南奔。益王赵昰和信王赵昺及大臣、将士就是在濂浦的古码头邵岐碑登陆，附近还有一座北宋石塔。赵昰就驻跸在平山并建了行宫。五月，益王在陈宜中、张世杰拥戴下，在福州登基，是为端宗。被元兵扣留的文天祥从镇江逃脱，来到福州，复被任命为右丞相，辅助端宗抗元。行宫建筑精巧别致，元兵攻破福州后，村民为了保护行宫，将其改名泰山宫，躲过一厄。行宫由两组建筑组成：西头是泰山行祠，台基高大，前有门檐雨盖，由四根石柱支撑，两旁有石砌台阶通往正门，进门为前

◎ 濂浦狮头山的明代石厝，内供石佛

◎ 厝内刻于唐大中六年（852年）的石佛

厅，后为戏台，两侧有双层回廊与后殿相接，中为露天石埕（现已加了屋顶不再露天），后殿祀张世杰、陈宜中、陆秀夫等辅佐大臣的塑像，梁栋皆有贴金花饰，十分典雅。东头即行宫本身，高大的门墙与泰山行祠相接，正门为石构的圆拱门，门额上的"平山福地"原为陈宜中所题，现存的是辛亥革命志士林之夏所书，进门有小天井，通过西侧二十余级台阶和前庭院即可步入正殿。殿中雕梁画栋，蔚为壮观，中祀端宗赵昰、信王赵昺像，侧殿祀文天祥像，侧殿还立有一方乾隆时重修殿宇的石碑。明林瀚有《平山怀古》诗："翠辇金舆载恨游，岂缘南越觅丹邱。钟声落日孤村寺，海色西风万里舟。王气销沉天地老，胡尘溟漠古今愁。伤心最是濂江水，还绕行宫山下流。"

在泰山宫的右侧为濂江书院（即文昌阁），它让我们感受到宋代以来的历史文化。宋代，朱熹曾在此讲学，书院东侧有朱子祠。自宋以来，林浦文风炽盛。书院现有建筑为明末所建，外有白墙，为歇山顶双层楼阁；入院门为二层台，正面有石屏栏，正面刻"文光射斗"，背面

◎ 濂江书院内的石屏栏，上刻"文光射斗"

刻"濂江龙腾";登上二楼凭栏远眺,可见濂江、闽江与鼓山,帆影片片,江水漫漫,山光水色,风光旖旎。

出行宫至中轴古街往南走不远,就到了"濂浦炽"林寿熙的大宅院。它是由三列建筑组成的豪宅,中间的一列是主座,门前为石埕及一堵高大的照壁。主座是土木砖石混合结构,系传统风火墙式的建筑。高大的门楼由数级台阶引往正门,门楼两旁的门斗房皆由水磨青砖密缝砌造。进了正门后就是天井,天井后就是正厅和厢房。主座左侧的建筑是西式建筑,是一座宽敞的供宴饮、娱乐、会友的西式客厅,窗户是罗马式拱形门窗,厅内有西式壁炉。这座西式客厅门口还卧有一尊已受损的石狮,酷似埃及的人首石狮。主座右侧也是西式建筑,一座二层洋楼。前庭院有棵百年桂树,花开时节,芳香四溢。

看到这组建筑,又让我们读到清末的一段历史。慈禧太后为了给自己祝寿,挪用海军经费重建颐和园。重修颐和园时,就是由"濂浦炽"承包采办造园木材,并参与工程。这座闻名中外的皇家园林,许多上好的木材都是来自福建的。"濂浦炽"因而发了大财。另外,"濂浦炽"

◎ 濂浦林寿熙宅

◎ "濂浦炽"宅主座东侧西式楼房的旋转楼梯

◎ 濂浦人家屋顶的陶辟邪,俗称"土猫"

为了报效朝廷，曾捐巨款，在都城的中轴线上，正对着天安门的南面，重新修建了正阳门（俗称前门楼）。正阳门为北京城最高大、最雄伟壮丽的城门楼。

沿着中轴古街继续往前走，到了进士里这一段十字路口，有一座明代进士题名的木牌坊。穿过牌坊，沿着支路太保里走数十米，就到了世宫保尚书林公家庙。该庙系明代南京兵部尚书林瀚所建，由门楼、戏台和两厢廊、祠厅等部分组成，门前有石埕和水池。原戏台已毁，现补建了新戏台。门楼系牌坊式门楼，三间式，正门屋檐与侧门两侧屋檐之下，有三层斗拱，檐牙交错，颇具地方特色。门口两侧还有八字门墙。大门内西侧立有明方豪撰的《林尚书家庙记》石碑。看了这座建筑，我们读到了明清两代林氏家族科举的兴盛，以及他们对中国文化的贡献。祠厅内悬有一副

◎ 濂浦的明代进士题名木牌坊

◎ 濂浦的世宫保尚书林公家庙

◎ 林瀚在狮头山山脚的摩崖题刻，教诲子孙不忘"稼穑艰难"

对联："进士难，进士不难，难在七科八进士；尚书贵，尚书非贵，贵于三代五尚书。"林瀚祖孙三代，有五人官至尚书，《明史》林瀚祖孙列传称："明代三世为尚书，并得谥文，林氏一家而已。"

林瀚著有《泉山集》、《经筵讲章》、《隋唐两朝志传》等。《隋唐两朝志传》是《隋唐演义》的前身，影响甚大。

清康熙间，濂浦出了一位著作等身的大学者林云铭，所著《庄子因》，曹雪芹读过并在《红楼梦》中提到这本书；所著《古文析义》前后二集，评选自周迄明200余位名家古文539篇。清末科举废除后，许多大学文史专业曾将此书作为教材。《古文观止》也是在《古文析义》的基础上选编而成。

林浦还有一处江防建筑，就是濂浦炮台。炮台位于宋代石塔东头，依岩而建，由若干个三合土炮墩砌筑而成。炮墩上留有架炮安置铁柄的圆洞，炮口瞄向马尾，它见证了中法马江海战的一段历史。

炮墩上长满了薜荔藤蔓，似乎代表着濂浦古建筑共同具有的沧桑感，都在悠悠地诉说着千百年来诸多惊心动魄的故事，是那样引人入胜，又是那样耐人寻思……

东关寨在福清市一都镇东山村半山腰，是何氏家族聚居的村寨。东关寨形似长方形城堡，面朝西南，寨长76米、宽约55米。寨墙由生土

◎ 濂浦炮台

夯筑而成，建于花岗石砌筑的墙基上，墙基高10余米。寨子在东南、西南、西北三处开门，门为圆拱门，门板用硬木制成，十分厚重，门顶有出水洞，可防火攻。石墙基上，土寨墙内为环寨唢廊（又称跑马道），宽2米，可供跑马巡逻。寨墙上开有小窗，供瞭望射击用。环寨唢廊内有三列建筑，正对面南主寨门的这列建筑为主建筑，为风火墙式建筑，共有三进。主建筑两侧的两列建筑则是横向的，所以又叫横厝。村寨依山而建，因而每进房屋院落都递次升高。整个东关寨有房屋99间，由于人口的繁衍以及其他原因，许多人已搬出东关寨，现住在寨内的何氏后人仍有20余户。寨左开池塘，右辟花园。整个寨子既有正厝又有横厝，并且正厝每进建筑又依山势而递次升高，这样寨子的空间格局显得十分丰富多彩。

◎ 东关寨正面

◎ 东关寨主座厅堂与披榭

◎ 建于清乾隆元年（1736年）的福清东山村东关寨

　　东关寨建于清乾隆元年（1736年），距今已有260多年，是当时何氏家族为了防御匪盗侵扰而合族集资兴建的。东关寨背靠大山，古松翠竹错杂其间，远处群山连绵，溪水萦带，环境异常幽美。东关寨海拔较高，晨雾与暮霭常常关爱着她，加上袅袅的炊烟，远方的游客又怎能不吟出"暖暖远人村，依依墟里烟"的诗句来呢？

　　定海古镇在连江县筱埕镇定海湾。明代朱元璋命江夏侯周德兴巡海，在军事要地，建造卫、所城。卫、所是明代军事编制，卫城驻兵5600人，所城驻兵1120人，因此所城也叫千户所城。周德兴在定海湾建千户所城，这是个军事城堡，五代时闽王王审知开辟甘棠港（古代港的含义是可航行的水道）。现在从马祖岛至连江黄岐北茭的水道仍叫"北竿塘"、"南竿塘"，"竿塘"是"甘棠"的音讹。而定海又是古

◎ 梅花所城的部分城墙，现城墙上又被当地学校加筑围墙

◎ 建于明洪武二十年（1387年）的长乐梅花千户所城的瓮城城门

◎ 定海古城瓮城城门上的"会城重镇"石匾

航行港道上的停泊点（码头），定海湾曾进行过我国最早的水下考古，打捞出许多文物，发现许多宋元以来的沉船和船上载运的陶瓷等外贸商品。日本那霸学者送来的古航海图也都标明定海是古琉球国人航行到中国的第一站。这些都说明定海是我国古代对外贸易港。至今南城门上还镶着一块明代石匾，上刻"会城重镇"（会城指省城福州）。所以定海是古代军事重镇，拱卫着福州。整个城堡建在畚箕形的海湾硬地中，三面临山崖，一面靠海。靠海面为南面，建有城墙，墙高2丈、长600丈。南门是重关瓮城，瓮城城楼上原有4门铁炮，后来被毁。定海城形势险要，甚是雄伟。

随着倭寇的平定，驻军逐渐外调，定海城也渐渐变为民居村落。定

◎ 万安千户所城的部分城墙，该城建于明洪武二十年（1387年）

海城内外，处处是文物古迹。通往定海古城的路旁，还发现有古琉球国人的墓葬。附近山中还有五忠墓，葬有战死疆场的抗倭官兵汤俊等五壮士。

城东海岸是戚家军练兵的校场。进入南门朝"衙前"大街走百米左右，就是戚继光部将沈有容府第，当地人称之为参将府。现在门楼已毁，仅剩正厅一座风火墙式古建筑。府前右侧有一块万历年间树立的巨大抗倭纪念碑，记述了嘉靖以来的抗倭史绩。城北最高峰叫双髻峰，古代设有烟墩报警，至今遗址犹存。像定海一样，从古代军事城堡演变为民居村落的还有罗源的鉴江堡、长乐的梅花千户所城、福清东瀚的万安千户所城等。这些都是经历数百年沧桑的历史名村。

降虎寨在福州市与连江县交界处的北峰宦溪镇降虎岭上。岭名的由来还有个传说，相传古代有一虎中毒箭，蹒跚行至独觉庵，若有所

◎ 北峰降虎寨

◎ 三江口水师旗营的南门

诉。僧法诠为其拔去毒箭，抚摩良久。数日后虎愈复来，遂相随，因以名岭。古时此寨为福州北面门户，地势险要，常有驻军。据传，此寨曾被倭寇盘踞，后戚继光率军攻寨，消灭了倭寇。抗战期间，爱国将士也曾倚寨抗击日军侵犯。1949年8月16日，中国人民解放军曾经此向福州进军。现这一军事要塞早已变成民居小村落，寨内住有20余户人家。

琴江村在长乐市西北闽江南岸，与马尾镇隔江相望。清初三藩作乱，康熙十五年（1676年）康亲王杰书奉旨率兵入闽。平定耿精忠之乱后，清兵便驻防福州。雍正六年（1728年）十月，奉旨挑选老四旗500多名官兵携眷进驻琴江，围地筑城，建立三江口水师旗营。旗营是按太极八卦的规划格局建成的，故又称"旗人八卦城"。该旗人军营

◎ 三江口水师旗营将军楼

有城墙包围，城成椭圆形，坐南朝北，北面临江。城四面各开一门。南城墙一段及南门保存了下来。城中原有将军行辕（俗称"公衙门"），是清驻闽福州将军每年视察水师操演之行辕，平时则为旗营官佐议大事之处。原为三进，头进、三进已毁，仅剩二进，今已重修为两层楼房。人称将军楼，原为福州将军寝息之处。门前照壁也保留了下来。原来还有协领衙门、骁骑校衙门等，现士兵营房仍有相当部分保存完整。营内还有一座青石牌坊。1884年，三江口水师旗营参与了中法马江海战，不少官兵壮烈牺牲，现江滨有一座小庙，祭祀烈士忠魂。

◎ 琴江村的石牌坊

◎ 纪念中法马江海战死难者的"烈士祠"

◎ 中法马江海战中立功的水师旗营骁骑校许国昌，受皇帝赏戴蓝翎的嘉奖

◎ 水师旗营指挥作战用的虎纹旗

◎ 三江口水师旗营南城墙段

◎ 长乐城关和洋屿琴江村之间的古桥

◎ 水师旗营士兵的住房

　　琴江村有许多很有特色的民居，如赖府、协府口黄公量宅、帅正街的许宅等。

　　辛亥革命后，旗营渐渐变成民居村落。这里居民多是旗营官兵的后裔，不少家族仍是海军世家，且出了不少人才，如曾任民国海军部少将军务司司长贾勤、新中国海商法学科创立者黄廷枢、新中国电机电器工业领导者之一曹维廉等。

◎ 赖府厢房的花格窗

◎ 赖府门前

◎ 黄公量宅的厅堂与披榭相接

福州古厝

◎ 帅正街

◎ 琴江村的状元井

◎ 水师旗营南边的曹维廉故居（有马鞍形风火墙的房屋）

七、自然造化　雅趣幽奇

——假山、园林、池馆

◎ 三山旧馆鸟瞰图，采自含晶后人《忆福州三山旧馆》

　　福州的私宅园林，从造园的意旨来说，多讲求人与自然的亲和，追求幽雅、宁静。从构造布局来说，讲求充分利用空间，节约用地，注意园中建筑与树木花草、池沼的用地比例，福州的私宅园林多数精巧玲珑，大的不多。从选用假山石料来说，多采用海边千疮百孔的海蚀石，少用太湖石，显得极有灵气。

　　首先应介绍的是三山旧馆，它的遗址就在今日的西湖宾馆。龚易图的长媳龚杨韵芬在她的《自述》中云："所居住宅曰'三山旧馆'，又名'武陵北墅'，擅亭榭花木之胜，以环碧池馆风景最佳。"又云："所置园林之盛，甲于闽省。"三山旧馆是清末以来福州最大的私家园林。

◎ 龚氏族人在白洋楼前留影，照片摄于1908年

这座名园缘何被命名为"旧馆"呢？这里有个缘由。园中原有环碧轩池馆，为清乾隆时林和所建。不久转归兰州知府龚景瀚。然而，"君子之泽，五世而斩"，其玄孙龚易图出生时，家道中落。易图母亲守节抚孤艰难度日，曾将环碧轩典押他人，易图还遭受过受典债主的羞辱。此后他励志苦读，数年后，登巍科入仕途，官至布政使。但龚易图不满五十岁便悬车归里，

◎ 龚氏族人在环碧轩西廊留影，照片摄于1913年

◎ 龚氏族人在宛转桥留影，照片摄于1925年

隐居林下，不再为官。为官时，他早已将环碧轩赎回，归隐后，便大治园林。他在福州有五处园林别墅，其中特别着力将环碧轩池馆加以扩建，建成颇具规模（占地40余亩）、景致极佳的集园林、民宅、祠堂于一体的名园。由于是先人旧业，失而复得，故称其为"旧馆"。所以龚易图自题环碧轩联云："绿波照我又今日，红树笑人非少年。"

三山旧馆名重闽省，该园的成功得益于福州园林、建筑工匠的巧手，也与园主龚易图的精心设计有关。龚易图有一首《闲门》诗："四山倒影漾空明，拔地楼台却在城。人向乱书堆里瘦，园从名画稿中成。"也就是说，园林、民宅虽在城中，但却应用借景的手法，着力将大自然的山水纳入其中。他的治园理念颇有老庄哲学的"物我同化"的思想。人与大自然的亲和也是福州造园的特色。龚易图造园是以画入园的，因而所治之园宛如画境。

三山旧馆可分为两部分，东部为宗祠，西部为主体，即三山旧馆十

◎ 三山旧馆之袖观亭

景。下面略作浏览。

　　穿过祠堂天井，进入三山旧馆首进花四照厅，这里是园主迎宾之所。花四照厅建在石砌的凌虚台上。庭院四周垂柳依依，还有一棵全园最高大的荔枝树。这些构成了十景中的两景："凌虚台观柳"和"花四照厅啖荔"。凌虚台前有一方形荷池，池对面有一座掬月篆。这就构成了十景之三："掬月篆观荷"。

　　凌虚台后隔墙之北即戏台，节庆时，主人家常延请戏班演出，平时龚家小姐们也常粉墨登场，自娱自乐。戏台前天井之后即大通楼，大通楼为全园主体建筑，由前后二楼组成，以悬空回廊连接。大通楼中的藏书，有部分为龚氏先人所藏，更大部分则是由龚易图多方寻购所得。龚家藏有中国传统文化典籍十万卷，大多数藏于此楼。惜在抗日战争时，被日寇掠去一半。新中国建立后，龚氏后人将所余五万卷图书捐献给了国家，现藏福建省图书馆特藏部。还有少量图书在龚氏后人手里，"文化大革命"中被红卫兵焚毁。

大通楼后左侧有志远楼，楼下为澹静斋。楼与斋的取名源于诸葛亮的"宁静以致远，澹泊以明志"。志远楼往北眺望可见田野与远山，这又是借景的妙处。此为十景之四："志远楼晚眺"。澹静斋前有水池，池旁有一棵百余年的木芙蓉花树。秋季花开时，一树灿然。这里曾是龚家先祖龚景瀚读书处，后代也在此读书温经。此为十景之五："澹静斋温经"。

　　大通楼之西即大花园，中间有红荷池与白荷池，其水引自北水关。环碧轩夹于两池之间。红荷池中有曲桥（宛转桥）通往池中的袖观亭。环碧轩经由双莲桥与池北的微波榭相连，池之南为西洋楼。环碧轩是全园的最佳景致，正厅有龚易图集《文选》句而成的对联："无所去，且住住，临清流，倚茂树；既相逢，莫匆匆，舫明月，棹清风。"对联表达了园主造园的意趣，由此也可知园主确实是以诗、画造园的。"环碧轩春望"为十景之六，"微波榭读画"为十景之七，"双莲桥闻笛"为十景之八，"袖观亭品茗"为十景之九。在西洋白楼前的南草坪，植有数棵桂树。"天香深处夜坐"便成了十景中的最后一景。

　　三山旧馆是一座集园林、民宅、戏台、藏书楼、祠堂、西洋楼为一体的著名池馆，风格迥异于苏州私家园林。该园林仅存袖观亭及零星的荔枝树，余皆不存，令人扼腕！

　　芙蓉园，在于山西北朱紫坊花园弄内。原为宋朝参知政事陈韡的芙蓉别馆。明朝籍于官，园废，清又复修。此园历经沧桑，曾为龚易图所得，之后又辗转为陈兆锵所得。此园部分毁损。

◎ 芙蓉园后园的鱼池、石板桥和临水榭

◎ 芙蓉园之假山、阁楼与鱼池

现园池、曲廊、假山、亭台楼榭仍颇可观，为福州现存最精巧的园林。

陈氏五楼，在螺洲镇店前村，系末代帝师陈宝琛的私宅园林。园中心为一长方形荷池，池南堆叠有假山，其中靠西墙的山石最有名，是天上落下的铁陨石，上刻"铁石"二字。池南是凉亭和草坪。环绕着圆池和凉亭，园的三面建有五座楼：赐书楼、还读楼、晞楼、北望楼、沧趣楼。赐书楼源于陈宝琛曾祖父陈若霖故宅的

◎ 沧趣楼景观

赐书轩，是其珍藏皇帝所赐书籍之所。书法家翁方纲题"赐书轩"匾。原赐书轩圮毁，陈宝琛在后门埕另建新楼，即赐书楼，并移匾于楼上。赐书楼东后侧为还读楼，取意于陶潜的"时还读我书"之句。折向北即晞楼，坐西朝东，以迎朝晖，为陈宝琛乘凉赏月之所。隔一天井往北即北望楼，以示"思君"，内原挂溥仪像并陈列祭器等物。园池的北面即沧趣楼，取《孟子》："有孺子歌曰：'沧浪之水清兮，可以濯我缨，沧浪之水浊兮，可以濯我足。'"陈宝琛的这一私宅园林，颇具文化品味，在凉亭通往沧趣楼的回廊墙上，原镶有《贤力毗伽公主墓志》等五方唐碑。所建的五座楼有三座与读书有关。这些楼原来都有大量藏书、金石书画和文物古玩。当时人们把龚氏大通楼与陈氏沧趣楼并称，龚、陈皆为大藏书家。现这一池馆已十分破损，亟待抢修。

梅舫在文儒坊，此园是陈

◎ 五楼之一，晞楼

◎ 五楼之一，北望楼

◎ 五楼之一，还读楼

◎ 梅舫前院假山石磴可通往阁楼楼上

◎ 黄巷小黄楼内的假山、拱桥和鱼池

承裘故居的花厅部分。一进门为一小天井，正面为一小阁楼，天井东隔墙门内另有小阁楼、鱼池、小石桥、假山。有趣的是，上小阁楼二楼不是通过平常的楼梯，而是经由假山石磴，正体现了人和自然环境的和谐。这两座阁楼与后院又隔着一道墙，并分别有门通往后院，墙上有漏窗。东边门可直通后院墙角的半边亭。利用墙角建半边亭，充分利用空间，又节约用地，这样后院的花园就显得更宽敞。此亭坍圮，仅余台基。后院西墙一字排开有三间房，是书房与客厅。院子东面，有一似舟形的大花台，上有曼陀罗、茶花、桂花、米兰等等，四时花开不绝。另有一棵百余年蜡梅，尤为名贵。该园之名或源于此。

黄巷小黄楼，是清朝名臣、学者梁章钜故居的花厅（附属小园林），是梁氏读书、藏书、著书之处。在底层风火墙与房屋之间有两个由假山石、白石灰、糯米汁混合堆塑的"雪洞"，直通前面的鱼池和假山洞。鱼池上架有青石构小拱桥。桥栏板上题刻有"知鱼乐处"四个大字。此典出自庄子与惠子的辩论。庄、惠两人在濠水的桥上观鱼，庄子曰："鲦鱼出游从容，是鱼乐也。"惠子曰："子非鱼，安知鱼之乐？"庄子曰："子非我，安知我不知鱼之乐？"这段辩论表达了庄子主张物我同化、旷达乐观的思想。由此也可知，造园主人梁章钜也深受老庄思想影响，具有物我同化的达观情怀。假山洞分东西两路，沿石磴，东面可登上一亭式半边阁。阁为歇山顶，柱头转角雕刻有精细的垂花球。穿阁经天桥可通小黄楼二楼书斋。书斋内的门、窗，均雕镂有各种花鸟图案。小黄楼檐下的悬钟（垂花球）、雀替精雕有缠枝花卉、松鼠、葡萄和花篮，显得雍容华贵。小黄楼整组建筑，是福州花厅（小园林）的杰作。

黄氏民宅园林建于清朝道光年间（1821—1850年），在于山北面法海路宦贵巷。黄家是中医世家。园林院门朝西，面对宦贵巷，进门是天井、轿厅和门斗房。第二道门朝北开。主座建筑是风火墙式建筑，共二

◎ 黄氏园宅头进厅堂两侧厢房

◎ 黄氏园宅月洞门

进。每进院落皆有回廊披榭，第一进厅堂和厢房装点十分华丽，二进则较简朴。两进的前檐廊东侧有门与花厅（园林池馆）相通。花厅分前、中、后三部分，中间为主体。中间的园林布局，既对称又不对称，如北面的两个墙角都建有亭，这是对称的，但亭的式样、高度、体量都不一样，这是不对称的。东北角是八角形的半边亭，西北角是四角形的半边亭。东北的亭低，西北的亭高。北墙正中有圆洞门，往南正对着三开间的客厅，中间为厅堂，两旁为厢房。整个园三面有廊相接，并有美人靠供人歇息、观赏。客厅与主座风火墙之间为壁弄，可通后院。后院天井仅有20多平方米，然而结构精巧，有假山、鱼池。假山有山洞，洞内有石磴，可由此登上山顶，山顶有城堞，像小堡

◎ 黄氏园宅后花园的鱼池、假山

◎ 黄氏园宅客厅、书房

◎ 黄氏园宅后花园的桃源洞　　　　　◎ 黄氏园宅后花园西侧景观

垒。在假山顶可观赏于山景色及周围景致，还可俯视鱼池中倒映的天光云影。这么小的面积，竟能布置出这么美妙的景致，真可谓方寸山水，巧夺天工。通过月洞门可抵前花厅，同样玲珑美妙。黄氏宅园是目前福州市保存最完好的小园林。

豆区园，在福清市融城镇官驿巷内，建于明万历年间（1573—1620年），是明朝内阁首辅大学士叶向高的花园兼书斋。此园汇集了许多各地奇石。《闽杂记》卷二《浮海山石》记载："相传文忠爱石，告归后，门生故吏所献，或航或辇，一石所费，有及千金者。"同书卷二《百猴石》云："福清叶文忠公园多石，大小百数，皆有名。池中一石，直立如柱，高丈余，围二三尺，雨后则四面现猴形，头面手足，莫不备具，晴则不甚辨也，名百猴石，数之实只八十有一，云百举成数耳。"此园还有一奇石，立在原书斋后院，状似鲤鱼，石上有

◎ 福清豆区园西区景观

◎ 福清豆区园百猴柱

◎ 豆区园中的"闲云"石

篆书"闲云"二字，背面刻有叶向高楷书铭文："此石来自海上，酷似一片云，或谓似鲤。鲤能化龙，云从龙耶。爰为之铭：为云为龙，变化何穷。起沧海，升层穹，壁立乎此中。"

光禄吟台，在光禄坊，此处原有一小山名玉尺山（又名闽山），为乌石山支脉，现仅存一小阜及几块巨岩。小阜上有亭、竹丛、花树，颇清幽。下为池，池中有两座

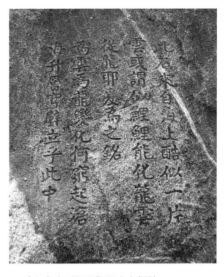

◎ 叶向高在"闲云"石上自撰铭

◎ 程师孟篆书"光禄吟台"石刻

◎ 董执谊宅后花厅之古井泉——石泉

◎ 福州商会园林中的六角亭

◎ 许宅颐园中的六柱亭

◎ 福州商会园林中的八角亭

小石桥。巨岩上，刻有"闽山"两个大字，巨石顶上有宋程师孟篆书"光禄吟台"四字。程师孟当年有诗云："永日清阴喜独来，野僧题石作吟台。无诗可比颜光禄，每忆登临却自回。"

福州还有位于南后街衣锦坊一侧的董执谊故居后花厅、大庙山东麓原福州商会园林、长乐航城镇琴江村许家宅院颐园等各具特色的小园林。

原为五代闽国的王家苑囿，现为近代最早开放的公园之一——西湖公园，也是福州人民最熟悉的园林。

◎ 许宅颐园中用粉彩瓷花瓶隔成的窗栏

◎ 许宅颐园

◎ 许宅颐园二进房屋两旁风火墙的墙头牌堵上，堆塑有花鸟及水师旗营士兵的形象

◎ 洗银营巷郑孝胥宅花厅的假山、
鱼池及读书楼

◎ 福州西湖八景之——柳堤春晓（照片摄于20世纪40年代末）

◎ 福州西湖湖西的荷亭

八、尊祖敬宗　表彰节义

——祠堂、家庙、牌坊、碑亭

中国古代长期是宗法制的社会，宗法制与族权早已被否定，但随宗法制而来的宗族文化、家族文化则是既有精华又有糟粕的。宗族文化、家族文化以及宗族亲缘关系仍将长期存在，我们应吸取其有益的成分，而剔除有害的成分。

家族文化中，崇尚耕读、尊老爱幼、互助合作、爱国爱乡、强调民族气节以及重视族缘、亲缘关系等内容，对当今社会的发展仍起着非常积极的作用，应予以弘扬。人们为了不数典忘祖而设立祠堂，也为对社会、民族、社稷有贡献的人立祠、建牌坊、立碑加以纪念。所立牌坊中，有表彰民族气节、为民办好事的，或立人瑞坊（祝长寿）鼓励养生的，这些是好的。至于宣扬功名、官禄的则未必都是好的。另外，为妇女所立的贞节牌坊，则是对妇女的迫害。这方面，福州古代的劣俗比其他地方更严重。施鸿保的《闽杂记》卷七《搭台死节》记述了福州这一劣俗："福州旧俗，以家有贞女节妇为尚，愚民遂有搭台死节之事。凡女已字人，不幸而夫死者，父母兄弟皆迫女自尽。先日于众集处，搭高台，悬素帛，临时设祭，扶女上，父母外皆拜台下，俟女缢讫，乃以鼓吹迎尸归殓。女或不愿，家人皆诟詈羞辱之，甚有鞭挞使从者。此风省城尚少，乡镇间虽儒家亦有之，盖藉以请旌建坊，自表为礼教家也。"施鸿保还表扬了乾隆时入闽主政的赵国麟，"莅任即颁示严禁"。施鸿保在文末说："此等风俗可笑，亦可悯，挽回移易，是在司牧者与荐绅之责矣。"

◎ 林文忠公祠树德堂景象

◎ 马尾马限山下的昭忠祠，现已辟为中法马江海战纪念馆

下面介绍一些祠堂、家庙、牌坊和碑亭。

林文忠公祠，在福州市澳门路。建于光绪三十一年（1905年），占地面积3000平方米。内有仪门厅、御碑亭、树德堂、南北花厅、曲尺楼等主要建筑。祠中有鱼池、假山、回廊、曲径，颇具江南园林风韵。祠门朝东，第一道屏墙两旁设边门，正中嵌六方大理石，刻有"林则徐纪念馆"六个大字。屏墙内壁为虎门销烟浮雕。第二道为牌楼形门墙。额书"林文忠公祠"，两侧回廊及庭院正中石甬道可通仪门厅，过仪门即到御碑亭，为正方形歇山顶建筑，内立三通青石碑：一为圣旨，慰问家属；一为御赐祭文；一为御制碑文。祠厅（树德堂）在碑亭北，厅正中祀林则徐塑像。祠厅西侧有南北花厅，厅院中有鱼池、假山及茶花、石榴树，环境幽雅。再西进，有鱼池，环池植柳、梅等树木，池旁有假山，池北为曲尺楼，原为林氏家族子弟读书处，现为展览厅，陈列林则徐生平相关的文物。该祠为省级文物保护单位。

昭忠祠，在马尾区马限山南麓，依山傍水，现被辟为中法马江海战纪念馆。祠门墙高耸，绿瓦红墙，飞檐翘角，十分壮观。祠为风火墙式建筑，共二进院落。第一进大厅正中放置爱国官兵浴血苦战的群雕像。第二进大厅陈列有参战旗舰模型。厅后为神龛，灵牌上写着殉难官兵的英名。祠内陈列有马江海战史迹。祠西侧为池塘、方亭和陵园。池中碧水涟涟，睡荷田田。陵园正门口有一对华表。沿石道登上五级台阶，前有穹隆顶四柱碑亭，亭中墓碑上书"光绪十年七月初三日马江诸战士埋骨之处"。碑亭后为巨大的长方形陵墓，翠柏环绕。昭忠祠及陵园后山有"铁石同心"、"蒋山青处"、"仰止"等摩崖题刻。昭忠祠为全国重点文物保护单位。

闽王祠，在福州市鼓楼区庆城路。五代后晋开运二年（945年），闽国灭亡。吴越国王钱俶下令将闽王王审知故第改为庙，这是建祠庙之始。历代皆曾重修，现存建筑为清代所建。新中国建立后，又多次重修。门前雄踞明代赤石狮一对，并配抱鼓石一双。门内庭院有"恩赐琅琊郡王德政碑"及碑

◎ 昭忠祠祠厅内的景观

◎ 昭忠祠祠西的"马江诸战士埋骨之处"碑

◎ 庆城路的闽王祠

◎ 闽王祠祠厅的闽王王审知坐像

亭。第一进东墙上还嵌有隶书"乞土胜地"碑。福州民俗，每年立春前一天都来闽王祠宰牲酹酒，取祠土与其他土混合捏成春牛，抬出游行，以迎春耕，祈盼丰收。祠内第一进与第二进之间的隔墙上，镶有"绍越开疆"石刻，赞颂闽王开发福建的功绩。二进的正祠厅陈列有介绍王审知生平事迹的图片和从闽王墓出土的闽王与任氏夫人的墓志铭，闽国的大铁钱、铅钱及闽国宫殿兽面瓦当和铺地花砖等文物。祠厅后座正中是王审知坐像。三进是一座双层楼阁，楼后还有巨碑一方，是北宋开宝九年（976年）刺史钱昱撰的《重修忠懿王庙碑铭》。

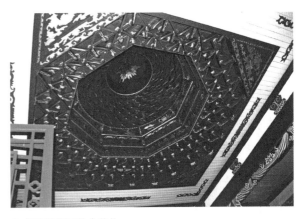

◎ 闽王祠祠厅的古藻井

芝田宫在闽清六都，是祭祀闽王王审知的五位有功将军的神祠。

陈太尉宫，在罗源县城北30公里的中房镇乾溪村。北宋建隆间（960—963年）建，始称高行先生祠。据曹

◎ 闽清六都的芝田宫

溪陈氏族谱载：始祖陈苏，河南固始人，唐龙纪元年（889年）进士。唐末，避乱入闽居罗源，劝农桑，立乡校，卒于后梁乾化元年（911年）。乡人感其恩德，称"高行先生"并立祠祀之。宋代其十五世孙参与平定闽乱，战死，被封赠为太尉，故祠又名陈太尉宫。此宫原结构为单开间，悬山顶，斗拱规制按宋《营造法式》称"双杪双下昂七铺作单拱偷心造"，另有"梁造"等制作手法。柱础用礩石，柱梭形，具有唐代风格。经宋、明、清历代扩建，现存大殿（面阔三间，进深六间，重檐歇山顶）、左

◎ 罗源县中房镇的陈太尉宫

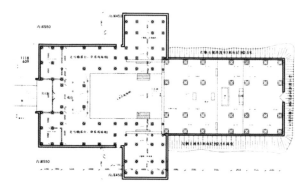

◎ 陈太尉宫平面图

右配殿、戏台、牌楼式山门，占地11亩。陈太尉宫这一宋代民间建筑能保存至今，这在全国也是罕见的，现为国家级文物保护单位。

　　蔡忠惠公祠，在福州市仓山区下藤路东侧，面积585平方米。南宋蔡襄第八代子孙迁居福州下渡。明洪武年间（1368—1398年），蔡氏后裔集资盖起蔡忠惠公祠。现祠为明末清初所建。蔡襄（1012—1067年），字君谟，仙游县枫亭镇东宅村人，为北宋四大书法家之一，官至端明殿学士。朱熹用"前无贬词，后无异议"来概括他的一生。蔡襄勤政爱民、为政清廉，两度知福州。蔡忠惠公祠

◎ 下藤路的蔡忠惠公祠

现被辟为蔡襄纪念馆。

杨梦斗祠，在长乐东渡。宋末元军南侵，杨梦斗同兄弟、侄与文天祥一起，奋勇抗元。战败后他宁死不降，跳入扬子江，英勇赴义，保持气节。传说杨梦斗曾传梦于乡人，乡人立祠祀之。现存的祠是明末清初所建，后屡有重修。祠厅神龛两旁有清状元王仁堪的对联："忠孝一门，钟叔侄弟兄，同榜耀；烝尝千载，奉文章节义，特祠尊。"上联说的是杨梦斗在宝祐四年（1256年）与兄琦、弟叔济、侄次郑同登文天祥榜进士，一门同科有四人中进士是很荣耀也很难得的事；下联说的是，杨氏一门之所以能得到千年香火奉祀，正是由于他们的文章节义。

戚公祠，在福州市于山，内有祠堂、醉石、醉石亭、平远台。祠堂于1918年重建，单檐歇山顶式。祠厅正中神龛有戚继光戎装坐像。祠厅两壁有戚继光抗倭事迹介绍。厅中陈列有1983年出土的《平远台勒功铭》石碑残段。祠前有五棵苍松。祠东侧有一巨石如床，上刻"醉石"两个遒劲有力的楷书大字。戚继光于嘉靖四十二年（1563年）第一次率军援闽，连续在宁德横屿、福清牛田、莆田林墩打了三大胜仗。传说他

◎ 于山戚公祠

◎ 戚公祠内的醉石及醉石亭

凯旋班师，在平远台庆功，喝醉了卧于此石床上，故名。醉石前还有醉石亭，周围的岩崖上留有后人的摩崖题刻。其中有郁达夫于1936年填写的《满江红》词：

"三百年来，我华夏威风久歇。有几个如公成就，丰功伟烈，拔剑光寒倭寇胆，拨云手指天心月。至于今、遗饼（即光饼）纪征东，民怀切。会稽耻，终当雪；楚三户，教秦灭。愿英灵永保，金瓯无缺。台畔班师酣醉石，亭边思子悲啼血。向长空洒泪酹千杯，蓬莱阙。"

◎ 为树木所遮蔽的补山精舍

补山精舍在戚公祠西侧前方，原建于宋代，为白塔寺僧接待宾客之所。现舍为清代建筑，周围林木掩映，显得幽静而又隐秘。1933年，十九路军抗日爱国将领蒋光鼐、蔡廷锴与陈铭枢等在此密商反蒋抗日，发动"闽变"，建立中华共和国人民革命政府。

黄阁重纶坊，在福清市区东南，系明末叶向高后裔为纪念其祖宦绩而造。整座石坊由青石雕造，四柱三间，坊顶为庑殿顶，正中有"黄阁重纶"石匾，指的是叶向高两次入阁为首辅大学士的经历。下层有记述叶向高祖辈诰封官衔的牌匾。坊上雕镂人物抚琴、览卷、骑马等图像以及其他花纹图案，造型精巧，是研究古建筑和古代雕刻艺术的珍贵文物。黄阁重纶坊为省级文物保护单位。

纪念辛亥革命烈士的先烈祠，位于福州南公园。

父子贤良坊，在福州市东郊

◎ 福清城关的黄阁重纶坊

◎ 南公园的先烈祠

◎ 竹屿的父子贤良坊

◎ 罗源县中房镇厚富村的"义烈可嘉"贞节牌坊

◎ 罗源县飞竹镇守善村的"未婚节孝"牌坊

竹屿村。这是明万历帝为旌表嘉靖戊子科举人邓迁和其子明万历壬辰科进士邓原岳所立，表彰其父子皆为官廉洁。万历帝亲书"父子贤良"匾。这一牌坊是四柱三间三楼式木牌坊，牌坊上饰有如意斗拱。

"义烈可嘉"贞节牌坊，在罗源县中房镇厚富村。"未婚节孝"牌坊，在罗源县飞竹镇守善村。人们见到在瑟瑟冷风中的这类牌坊，不禁要控诉封建礼教的残酷。

人瑞牌坊，在闽侯青圃。这是为寿逾百年的人瑞所立的牌坊。

灵济宫碑亭，在闽侯青圃灵济宫。

闽王庙碑亭，在福州市鼓楼区庆城路。

◎ 闽侯青圃的"昇平人瑞"牌坊

◎ 为明代状元马铎、李骐所立的状
元牌坊

◎ 下杭路的曾南丰祠

◎ 沈葆桢祠最后一进祠厅

◎ 闽侯青圃灵济宫永乐皇帝的御碑亭

◎ 仓山区阳岐村的"岐阳严氏宗祠"

◎ 清陈若霖墓前的牌坊

◎ 螺江陈氏宗祠的第二道门——仪门

◎ 螺洲的螺江陈氏宗祠

九、文教建筑 西洋建筑

——孔庙、书院、书屋、领事馆、别墅、跑马场、教会学校、工厂、银行、教堂、医院、会馆

福州自古就有重教向学的好传统，因而培养出许多人才。福州办教育，从唐代开始形成风气，到宋代已居于全国前列，延续至今依然如此。宋朝著名学者吕祖谦的诗就反映了这种情景："路逢十客九青衿，半是同窗旧弟兄。最忆市桥灯火静，巷南巷北读书声。"下面先介绍文教建筑。

福州孔庙，又称文庙，俗称圣庙，在市中心圣庙路，原为都督府儒学，唐大历七年（772年）观察使李椅从州西北移建于此。北宋太平兴国年间（976—984年），始在学内建孔庙。此后范围不断扩大，学校与孔庙分为两大部分。孔庙曾历数次火灾，现存的孔庙是清咸丰四年

◎ 福州孔庙大成殿

◎ 仓山区螺洲孔庙棂星门

◎ 螺洲孔庙泮池上的拱桥

◎ 福州市东街正谊书院

◎ 闽清县文庙大成殿

（1854年）重建的。殿内藻井正中绘有北斗七星的天象。该殿为当时福州全城最高最大的木构建筑物。殿前月台石板极为平整，在阳光辉映下，好似有一层水波在流动。福州孔庙现为市级文物保护单位。

螺洲孔庙，在福州市仓山区螺洲镇吴厝村江边，创建于南宋，明成化十年（1474年）重建，后多次修葺。孔庙由大殿、门楼、泮池、棂星门等组成。棂星门由六根高大圆石柱和十二块石枋组成三道石门。门额浮雕双龙戏珠、丹凤朝阳。石柱有青龙盘绕，上部还雕有鲤鱼跳龙门的图像，甚为精美，寓意吉祥。

正谊书院，在福州市东街福建省图书馆老馆内东侧。现存房舍约450平方米，不及原来一半。书院为风火墙式建筑，院门石匾上刻着"正谊书院"四字，为清末著名书法家郑世恭手笔。一进院为一庭园，

◎ 古榕书院

植有竹木，正座为面阔三开间进深五间的堂屋，后进一座已被改造，变成堆放杂物之所。书院前身为正谊书局，左宗棠于清同治五年（1866年）创办，原址在黄巷，原为校刊印经之所，后经杨庆琛、沈葆桢呈请福州将军兼署闽浙总督英桂，将书局改为书院，专课十郡举贡。同治九年（1870年）书局移至东街新落成的房舍，旋改为书院。首任山长为林鸿年。书院培养了叶大焯、陈宝琛、陈衍、林纾、吴曾祺等名士，对于清末文化的发展，产生很大影响。

古榕书院，在仓山区冯巷铺，同样系风火墙式建筑，类似祠堂建筑。因书院前有三棵古榕而得名。1902年，一些进步知识分子在书院里设益闻社，名为阅读书报，实为宣传民主革命。益闻社是福建省最早的民主革命组织，培养了许多辛亥革命的骨干，为中国民主革命做出了很大贡献。

◎ 莒口村可见龙山下拆毁重建的"尺五楼"

◎ 龙山堂内景（龙山堂为书院）

◎ 福州市仓山区螺洲洲尾村江边的"观澜书院"，原为明代林氏三才子读书处，林氏三子因不满朱棣的靖难之举而辞官，将文昌阁改建为读书楼，后人将此楼改为"观澜书院"

◎ 濂浦村"平山福地"右侧的濂江书院，朱子曾在此讲学

◎ 营口村江景阳宅

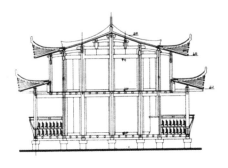

◎ 闽侯县杨厝的龟山阁为明代原构，建于池塘之上，为重檐歇山顶双层楼阁，这里是杨家纪念先祖杨时及供子弟读书之处

◎ 龟山阁明间横剖面

◎ "二梅书屋"二度空间的小阁楼

◎ 文儒坊南丰井营巷的"听雨斋"是文人集社之地

◎ "志社"诗楼,位于台江大庙山(今福州四中内),"志社"由翁心组等组建,林纾、陈衍等名士曾到此吟咏,诗楼门额上"志社"两字为陈宝琛题

◎ 此建筑原为有利银行旧址，是鹤龄英华书院最早的校舍

鹤龄英华书院，在福州市仓山区爱国路，建于清光绪七年（1881年），在麦铿利倡议下建立。当时福建省南安巨商张鹤龄捐助一万多银圆，购买有利银行旧行址及周围场所作为校址。为纪念这位兴办教育的人士，学校被命名为鹤龄英华书院。经由各方赞助，校舍逐步扩大，又建起礼堂、钟楼，成为颇具特色的西式建筑群，后改名英华中学。1951年与华南女子文理学院、陶淑女子学校合并为

◎ 19世纪末外国传教士塞司独资捐建礼堂，1910年校友集资建钟楼

◎ 英华书院的校舍之一

◎ 五口通商之后，1844年至1911年，有17国在福州设立领事馆，英国是最早在福州设立领事馆的。图为英国领事馆，位于仓山区乐群路，1844年9月1日英国正式任命李太郭为英国驻福州首任领事

◎ 仓山区对湖路的日本领事馆，建于1872年。1919年五四运动期间，福州学生在5月7日到该馆抗议

福州二中，现为福建师大附中。这一百年老校培养了侯德榜、林森、沈元、洪煨莲、王助、陈景润等诸多一流人才。

除了文教建筑，再介绍一些西式建筑，这些建筑现在看来也是古厝了，但对当时的福州来说，不仅带来了新的建筑风貌，也带来了一些新的观念。

1840年鸦片战争后，福州被迫开放，成为五口通商口岸之一，因而建起领事馆、教堂、跑马场、教会学校、用机器生产的工厂（包括我们引进外国技术设备办起的马尾船政）、外商俱乐部、洋行、银行、教会、医院等等。同时，在第一次世界大战前后，在夹缝中生存的民族工商业也有了些许发展，商会、会馆也出现不少。例如英国领事馆、俄

◎ 建于1854年的乐群路美国领事馆

◎ 美国领事馆华人员工的宿舍楼

◎ 五口通商以来，外国人在福州的避暑胜地鼓岭建了许多别墅，常乘轿到此避暑。照片摄于20世纪初

◎ 陶淑女子学校从东窑移至岭后新校舍，该校创办于1865年，由英国基督教安日间会（圣公会）史密斯夫人在乌山创办，通称安日间女子学堂

◎ 1908年，美以美教会在仓山岭后设立华英女子学堂，后改称华南女子文理学院。该校是清末民初全国仅有的三所女子大学之一。照片摄于1914年

◎ 协和大学校舍，位于魁岐，该校由美以美会、美部会、圣公会在1915年联合创办于仓山大岭顶。照片摄于1934年春，楼前人群是参加福州学生联合会春令会的各校代表

◎ 福州船政局法国式钟楼

福 州 古 厝

◎ 船政前学堂与船政衙门

◎ 福州船政局轮机车间内部法国式铁木
梁架

◎ 清末民初之邮务司，在仓山区爱国路。清光绪
二十年（1894年），清政府在福州海关内附
设邮务司

◎ 马高爱医院，在仓山区原对湖路1号，现已
不存

◎ 原建华茶厂厂房。俄国商人于同治十一年
（1872年）在泛船浦创办第一家以蒸汽机为
动力的机器制茶厂，该厂与汉口的机器制茶
厂同为中国最早设立的机器制茶厂

国领事馆、日本领事馆、美国领事
馆，东门跑马场，陶淑女子学校、
华南女子文理学院、福建协和大
学、毓英女中，前面提到的英华中
学，马尾船政的钟楼、轮机车间、
绘事院、前后学堂，汇丰银行，
苍霞基督教堂、泛船浦天主教堂，
俄国人办的机器制茶厂，马高爱医
院等。会馆则有安澜会馆、古田会
馆、广东会馆、三山会馆等。

◎ 澳尾巷天主堂，位于八一七路旁澳尾巷，
建于清道光二十八年（1848年），为福州
现存最古老的天主教教堂，该堂外观仿意
大利教堂，内部为中国传统木构架

◎ 苍霞基督教堂，位于台江区
倚霞桥1号，是福建圣公会
最大的教堂

◎ 1932年重建的泛船浦天主教
堂，图为天主堂塔楼

◎ 泛船浦天主堂室内景观

◎ 古田会馆，位于台江区三保街
厝埕，建于1915年，馆为砖木
结构，内部构架沿用清代福州
常见的穿斗式木构架，装修木
雕均施朱贴金，富丽堂皇

◎ 思万楼，位于仓山区公园路原
三一中学校园内，是该校校友
集资为纪念已故校长思万先生
而建的钟楼

◎ 闽江轮船公司大楼，位于台江区中平路，外
为西式，内为传统的木结构，是中西合璧的
建筑

◎ 广东会馆内部景观，照片摄于一百多年前

◎ 学军路的三山会馆春晖堂，会馆系江浙绸布
帮的会馆

◎ 安澜会馆、江南桥、中洲及万寿桥，照片摄
于百年前。安澜会馆又称浙江会馆、上北
馆，系浙江木材商帮所建，融合了闽浙建筑
特色

十、建筑特色　装修艺术

——布局、用材、风貌、木雕、石雕、彩绘、堆塑

福州的古建筑很有魅力，原因何在？宋代曾任福州知州的散文大家曾巩，在他所撰的《道山亭记》中，已为我们道出了个中缘由："麓多杞木，而匠多良能，人以屋室钜丽相矜，虽下贫必丰其居。而佛、老子之徒，其宫又特盛。"

◎ 道山亭与乌石山摩崖题刻

福州古建筑主座的建筑和我国传统建筑的布局特征一样，在纵向的中轴线上，布置厅堂（殿堂）等主要建筑，两旁对称地布置房舍庭院。主座外，其侧院多数是较灵活地随意布置，不按对称布局。如沈葆桢故居，其主座就严格按纵向中轴线对称地布置厅堂房舍，而侧院则自由灵活地布置几座横向的客厅、书厅、假山、园池、杂屋等。

◎ 宫巷的沈葆桢故居正门

◎ 南台岛螺洲镇陈若霖故居。陈若霖（1759—1832年），清乾隆五十二年（1787年）进士，为官廉正，刚正不阿。福州人曾依据传说，编有《陈若霖斩皇子》的闽剧传统戏

　　福州古建筑平面布局还有个特点，民居是由一组或几组三合院、四合院沿中轴线纵向组合的几进院落构成。如螺洲的陈若霖故居。这种四合院和北京四合院不同。北京四合院的庭院是户外庭院，面积较大，而福州的民居天井则完全是厅堂、回廊、披榭紧密围合而成的室内庭院，面积相对较小。

　　从建筑空间的处理来看，福州建筑在中轴线上的主厅堂，比北方的厅

◎ 叶大庄之玉屏山庄，位于南台岛阳岐村。叶大庄（1844—1898年），叶观国玄孙，擅诗文

◎ 玉屏山庄主建筑的正面

堂明显高大、宽敞，与其他廊、榭等建筑形成高低错落，活泼而又极富变化的空间格局。厅堂一般是开敞式的，与天井融为一体。特别要指出的是，为了使厅堂显得高大、宽敞、开放，一般在廊轩的处理上着力，承檐的檩（桁）木，或再加一根协助承檐的檩（桁）木（或叫阑额），都特意采用粗大而长的优质硬木材（楠木、铁梨木等），并用减柱造的办法，使得厅堂（殿堂、戏台）前无任何障碍，这在北方建筑及其他南方民居建筑中，都极少见到。例如阳岐叶大庄的玉屏山庄，宫巷林聪彝故居之窠食厅（轿厅）以及祠、庙的戏台均是如此处理。这是福州古建筑的重要特色之一。

福州民居最具特色的是曲线形的风火山墙。风火山墙在江南建筑中，以徽州建筑90度角直线构成的阶梯形山墙为主流形式，这种形式在福州却

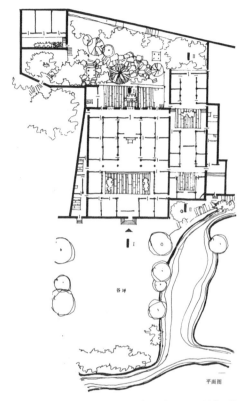

◎ 玉屏山庄平面图。此图采自高钤明、王乃香、陈瑜编著的《福建民居》

◎ 闽侯县大湖乡的郎官庙，有徽州、浙江式的折角呈90度的阶梯形风火山墙

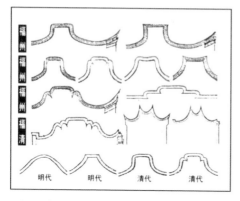

◎ 福州地域古民居建筑风火墙不同时代的形式图。此图采自黄汉民《福建民居的传统特色与地方风格》

◎ 一百多年前南门内的景观

极其少见，仅见于闽侯县大湖乡的郎官庙和仓山区的安澜会馆。而曲线形的风火山墙，却是福州民居建筑独一无二的选择。

我们从百年前福州南门的照片中可以看到，城内鳞次栉比的民宅，那万千条曲线构成的风火山墙，犹如万顷波涛，一波未平，一波又起，构成了这座海滨城市极具动感的美的韵律。这种壮美的图景，目前只能在三坊七巷中觅得一点余韵。

福州古建筑中，门的处理也极具特色，其形制约有四种：一种是在前院墙正中，由石框构成的与墙同一平面的矩形石门；一种是在前院墙门上方加一个披檐雨盖，这种门罩在城乡都很普遍，与北京的垂花门有些相似；一种则是两侧风火墙延伸作飞起的牌堵，风火墙夹着两面坡的屋盖，形成较大的门楼，像沈葆桢故居、陈承裘故居、林聪彝故居都是这种门楼；此外还有一种类似牌坊的门楼式大门，多适用于祠堂、寺庙，十分壮观。

福州古建筑在装饰方面也很有特色。

"云想衣裳花想容"，建筑同样需要装饰，这样建筑才会美。我们这里谈的是建筑中的木雕、石雕、彩绘与堆塑。

徽州的建筑以砖雕、木雕、石雕闻名，尤以砖雕最为出色。浙江东阳则以木雕称奇。福州的古建筑没有砖雕，除了外来建筑，如仓山区的安澜会馆，因它是浙江木材商帮的会馆，故在其侧院有浙江及徽州式的门罩，上施砖雕。

福州建筑的木雕和石雕并不比徽州及东阳的逊色，甚或更为出彩。这也许是因为福州是传统的工艺城，其脱胎漆器与北京景泰蓝、景德镇瓷器并称全国工艺三宝。福州的木雕也早已蜚声海内外。福州的"蒋源成"石铺世代有名，第三代传人蒋仁文更是出类拔萃。光绪末，慈禧太

◎ 安澜会馆中徽州、浙江式的砖雕门罩

后动用海军经费，重修颐和园，并在园中举办全国工艺比赛，蒋仁文以青石雕镂的石绣墩及圆桌参赛，轰动一时，被誉为青石雕刻之冠。南京兴建中山陵时还曾请蒋仁文参与石雕工程。他的作品有华表、石狮、金鱼缸、光华亭等等，一件件作品巧夺天工，精美绝伦，备受青睐。正是有这样一些背景，所以福州的建筑木雕、石雕特别精美。

"九头马"民居，在长乐鹤上镇岐阳村，因这组民宅建筑群内围有八块巨岩，另有一块在宅外，传说为神马所变，故名"九头马"。此民宅是陈利焕于嘉庆、道光年间建造的，为风火墙式建筑，共有并列五座，每座皆为五进院落。现大部分保存了下来，部分有坍塌。该宅坐南朝北，东西长、南北宽各120余米，占地面积1.5万平方米。该建筑最大的特点是建筑装修十分考究，木雕、石雕、堆塑、彩绘壁画皆臻精妙。我们重点介绍木雕、石雕。

木雕多施用于门罩、轩、藻井、门窗、隔扇厅堂屏门上方襟间等处。纹饰丰富多彩，皆不重样。如正中主座单面坡的披檐门罩上，其垂

◎ "九头马"民居

◎ 主厅堂屏门上方的漆金木雕"周文王赦归岐阳图"（襻间）

◎ "九头马"民居厅堂板壁为了张挂书画特设的画托，画托为石榴形，寓意百子千孙

◎ 单面坡披檐门罩上垂花柱、眉川、斗拱皆施雕饰

花柱（悬钟）、眉川、斗拱皆施雕饰。正面雀替镂雕有牡丹、喜鹊及鳌鱼，尤为传神。在主厅堂屏门上方，用漆金木雕，刻有周文王被商纣王拘禁羑里七年后赦归岐阳受百官、军民热烈欢迎的故事。

"九头马"民居的木雕很注重文化品味，如将四句文句"清风松下琴三弄"、"昏日消愁一局棋"、"诗狂好将石为笺"、"许多花鸟笔端生"，采用半圆雕、半浮雕的手法，施于"驼峰"（一种建筑构件）上，构图疏密相间，气韵生动，准确地体现了文人的"琴、棋、书、画"生活。厅堂上，原挂有许多字画，板壁间现仍存有固定画轴的画托，如刻成石榴的画托，寓意百子千孙。在门窗户扇的绦环板上，有的刻有题写在红叶上的五言古诗："独坐幽篁里，弹琴复长啸。深林人不知，明月来相照。"

"九头马"民居的门窗隔扇多采用透雕形式，图纹多变。有的花窗还刻有吉祥文字。一般来说，将文字刻入花窗，易流于生硬和俗气，而这里的民间匠师则认真研究字体，使之与周围图纹自然和谐，浑然一

◎ "驼峰"上的半圆雕、半浮雕作品"琴、棋、
　书、画",图为"清风松下琴三弄"

◎ "昏日消愁一局棋"

◎ "诗狂好将石为笺"

◎ "许多花鸟笔端生"

体。如含有"吉庆平安"、"寿"字及"卍"（万）字的门窗户扇，含
有"囍"字的门窗等，皆灵动可爱，不显突兀。有的门窗则刻的是几何
图案。而在绦环板上则多施浮雕，有的极具装饰性，有的写实性较强。
如体现水族类的鱼、虾、蟹、蛙更具有装饰性；而瓢虫、南瓜（瓜上还
有虫眼）、喜鹊梅花与锦鸡牡丹等则写实性较强。还有一种楠木制作的
半截门，其上端的绦环板是用楠木刻图案，中间用黄杨木刻图纹，有的
刻玉璧、蝙蝠、寿桃，有的刻花篮、画轴等，用两种优质木料配搭，刻
工极为考究。

　　"九头马"民居的石雕艺术，多体现在青石质的柱础磉石（福州
人称为"柱珠"）上。有的磉石采用减地平钑的手法，阴刻有海棠、荷

◎ 绦环板上带装饰性的水族类图画，图为水草鲤鱼

◎ 绦环板上带装饰性的水族类图画，图为莼菜河虾

◎ 绦环板上的诗句："独坐幽篁里，弹琴复长啸。"

◎ 绦环板上的诗句："深林人不知，明月来相照。"

◎ 花格窗上花瓶中的"寿"字纹及"卍"字纹

◎ "九头马"民居的双重门,前面为半截矮门,门上的绦环板,用两种优质木材搭配镂雕,外用楠木刻图案,中用黄杨木刻图纹

◎ "九头马"民居半截矮门绦环板上的纹饰

◎ 绦环板上的"喜
　鹊闹梅"

◎ 绦环板上的"醉
　酒图"

花、菊花、梅花、蝴蝶花等四时花卉，显得清新、雅致；有的浮雕刻有
动作不一的八骏图，活灵活现，动感很强；有的浮雕刻有姿态各异的八
仙，浪漫而又飘逸。

　　福州古建筑的木雕是广泛施用于木构件上的。民间艺匠经常采用

◎ "九头马"民居的柱础碌石以减地平钑之法，
　雕出海棠、荷花、菊花、梅花、蝴蝶花等图案

◎ 碌石上的八仙浮雕

◎ 古田会馆用薄金片装饰廊轩

◎ 古田会馆抱厦（拜亭）的藻井

如意斗拱和漆金木雕装饰，多施用于殿堂、牌坊、门楼、藻井等处。如闽侯县南屿的福垆寺，就是用漆金木雕和如意斗拱来装点门楼的，显得气派而又富丽堂皇。台江区的古田会馆，则用贴金片的方法来装点抱厦（拜亭）的廊轩和木雕构件，显得金碧辉煌。木雕施于各类藻井，更是精彩纷呈。

福州古建筑木雕，在唐宋就颇有成绩，但形式与内容皆较简单，到明清最为瑰丽。明和清还是有区别的。明代如文儒坊的尤恒盛宅，在二进厢房的门窗隔扇上，就已经透雕了较复杂的瓶花图案，花瓶寓意住居平安。绦环板上是浅浮雕的花开富贵。然而，明代民居还

◎ 福垆寺的漆金木雕

◎ 古田会馆用薄金片装饰抱厦

未发现整个门板上半部整板采用减地平钑与剔地阴刻的花鸟画或刻字和图案，而清代则有，如文儒坊陈承裘故居第二进厢房的门扇。明代在门窗户窗的上部，较少有风窗，有的直接是板壁，而在清代，风窗很普遍，且雕刻精美。如宦贵巷九号黄氏民居头进厢房，风窗及门窗均施雕刻。愈到清末，木雕工艺愈精细，如陈承裘故居及衣锦坊欧阳推的花厅，长乐琴江村协府口黄公量宅的木雕等，皆为上乘之作。从内容上来看，清代建筑的绦环板，像徽式建筑、浙江建筑一样，有古典小说、戏曲情节，如《三国演义》、《水浒传》、《西厢记》等内容的雕刻；更有其他地方少有的海洋水族类及田园风情类的内容，如琴江村黄宅的"蝴蝶葡萄"、"鸣蝉苦瓜"、"金龟葫芦"、"松鼠南瓜"。宦贵巷黄宅则更精妙，有"蜻蜓、蚱蜢、葫芦"、"鲨与海草"、"螃蟹与水草"等，其中的鲨与螃蟹，质感强，惟妙惟肖。

◎ 文儒坊的尤恒盛宅厢房的隔扇门窗上透雕的瓶花窗格

◎ 文儒坊陈承裘故居门窗户扇上的精美雕刻

◎ 长乐琴江村黄公量宅厢房门窗隔扇上的雕刻

◎ 琴江村黄宅绦环板上的木雕"蝴蝶葡萄"

◎ 琴江村黄宅绦环板上的木雕"松鼠南瓜"

◎ 宦贵巷黄宅绦环板上的木雕"鲨与海草"

◎ 宦贵巷黄宅绦环板上的木雕"螃蟹与水草"

◎ 尚干雁塔(又名塔林山石塔)

福州古建筑石雕历史悠久,代有佳作。南朝陈有闽侯尚干塔林山的雁塔。塔为七级八面,有双层须弥基座,这两层八个角,上层各角雕造有孔武的天王承托像,下层各角雕造有粗壮力士(侏儒)顶托像。每面饰以高浮雕花卉与神兽图像。尤其塔基圭脚上的八个长方面上,用圆刀雕刻的飞天图案,与洛阳北魏天宁寺塔之泥塑乐伎有相似处,皆美丽动人,体态婀娜,佩带飘逸。仙女飞天或散花,或捧供果,其雕刻技艺可与敦煌石窟飞天相媲美。

唐末有龙瑞寺,建于唐天复元年(901年)。寺中大雄宝殿的殿基由石头

◎ 尚干雁塔上层须弥基座角落都有孔武的天王承托像

◎ 尚干雁塔下层须弥基座雕有力士（侏儒）顶托像及天女散花图

砌筑成须弥座形式。束腰部分，由短蜀柱将其分成若干画面，镶有高浮雕图像石板。底部则安装若干石圭脚。殿基正中为石阶，它将高浮雕石栏板分成东西两部分。东面部分内容是鲤鱼跳龙门（化龙）、金鸡报晓迎吉祥（古代羊、祥通用，羊代表吉祥）、鸳鸯戏莲池（莲谐音怜，指怜爱的意思，画面上还有一对手牵丝罗带的新婚夫妻）、双鹿衔灵芝萱草（萱草代表母亲，代表懿德）、牡丹花（花开富贵）、双狮戏球。西面部分浮雕的内容是士子游春、海上献宝、山茶花、龟鹤延年、拒霜花（木芙蓉）、海外使节献象。特别值得一提的是"海外使节献象"浮雕。从画面上可见到一头打扮得很漂亮的小象，旁有一人牵着小象前

◎ 龙瑞寺

◎ "鸳鸯戏莲池" 浮雕

◎ "海外使节献象" 浮雕

行。此人深目大眼，缠着头巾，耳戴大环，手持节杖，显系海外来客，颇似印度人。小象前后，各有头戴寰形帽的卫士，护卫着小象前行。后面的骑士旁，还有一位夹弓持剑的武士跟随。这是海外使节向闽王献象的队伍。这幅浮雕与闽王王审知在于山所建的定光多宝塔（白塔）塔基石栏板上的一幅海外商贾牵骆驼的浮雕一样，都真实地反映了闽王执行开放的政策，招徕海外商贾，与各国友好往来，促进了闽地经济贸易发展的历史事实。

五代有乌山崇妙保圣坚牢塔（乌塔），七级八面，中有石级可登。壁龛原有46尊佛像，多已被毁。塔座尚存双龙戏珠浮雕，双龙前爪夺珠，后脚用力蹬地，张嘴远视，张鬣翘尾，火珠刻似花，周围有火焰圈，有闪耀感，刀法简洁，形象古朴，为五代石刻之精品。

宋代有长乐南山公园的南山塔（三峰寺塔），正名 "圣寿宝塔"，

◎ 崇妙保圣坚牢塔（乌塔），始建于唐贞元十五年（799年），不久被毁，五代闽国王延曦用花岗岩重建，为七级八面石塔

◎ 乌塔第一层的八个角落都立有金刚浮雕

◎ 三峰寺塔底层八角立有武士像

◎ 福州西禅寺天王殿前抱鼓石，鼓面为螺旋纹，其下为仙草纹

系仿木结构之花岗岩石塔，由林昂及僧景休募缘而建。石塔七级八面，每面壁上，有壁龛置诸佛，每层八个角，各雕造一武士，做握剑、扶剑等不同立姿，衣盔甲，身材魁梧，气宇轩昂，雕刻体量明显。塔基座雕有神兽、力士、花卉。神兽动作鲜明，线条有力，气韵生动，为艺术佳作。

元代有原西禅寺天王殿门前的一对抱鼓石（后移往鼓山）。抱鼓石有长方形基座，其上刻有线条婉转的仙草纹，再上即石鼓。鼓面刻有螺旋纹，刻工精细，造型别致。在仙

◎ 三峰寺塔，位于长乐塔坪山（南山）上，建于宋政和七年（1117年），为七级八面仿楼阁式石塔。塔基浮雕遍布，有飞天、乐伎、佛、菩萨等

◎ 雕造精细秀美的濂浦泰山宫的门枕石

草纹中刻有"当寺比丘崇敬舍造"和"至正己丑仲冬谨志"两段文字。明代有福清市东南小孤山的瑞云塔浮雕及仓山区濂浦泰山宫的门枕石。清末民初则有蒋仁文雕造的于山白塔寺回廊的镂空龙柱等。

最后再谈谈彩绘。福州古建筑在祠庙门楼、民居内院的屋檐下及墙的上部多有彩绘装饰,一般采用工笔细画。市区澳门路上的林文忠公祠的门楼上,就有彩绘的青铜礼器图,这就营造了尊祖敬宗的肃穆气氛。在仓山区上渡竹榄,有一座闽王庙,是王审知的长子王延翰这一支传下的子孙与民众建造的。前两年,民众重修闽王庙,在铲掉旧墙皮时,发现里面还有更早的彩绘人物

◎ 瑞云塔位于福清市东南小孤山,始建于明万历三十四年(1606年),塔身遍布生动的浮雕

◎ 定光多宝塔(俗名白塔)

◎ 万岁寺(白塔寺)的透雕龙柱

◎ 竹榄闽王庙壁画一角　　　　　　　◎ 闽王庙旁供奉临水夫人的侧殿上有三十六婆奶的壁画

壁画，绘画水平甚高。东墙新发现的壁画有三幅。第一幅第一人项挂佛珠，手持拂尘，身着圆领长袍，脚穿软鞋，显然是太监，面相忠厚谨慎，十分传神。这幅画更证明这里不是一般的庙，而是帝王庙。这三幅画的其他人物均是武将，十分威武。画匠的笔力老到雄健，是壁画中的

◎ 上渡竹榄闽王庙

◎ 闽侯上街新洲村的金将军庙，图为金将军庙牌坊式的门楼

上乘之作。侧殿祀临水夫人陈靖姑，西壁新发现的壁画，风格迥异于东壁，作者用纤细的画笔绘出了陈靖姑的助手三十六婆奶。

福州古建筑的堆塑，主要施用于风火墙飞起的牌堵。福州乌塔会馆及闽侯南屿狮岩林氏祠堂的牌堵，都是堆塑中的杰作。

福州优秀的古建筑历经千年，至今仍散发着诱人的魅力。

◎ 闽侯上街金将军庙内应用彩绘、浮雕、漆金木雕、堆塑等多种装饰手段

图书在版编目（CIP）数据

福州古厝/曾意丹著.--2版.--福州：福建人民出版
社，2019.6（2022.11重印）

（福州民俗文化丛书）

ISBN 978-7-211-07763-2

Ⅰ.①福… Ⅱ.①曾… Ⅲ.①古建筑—介绍—福州
Ⅳ.①K928.71

中国版本图书馆CIP数据核字（2019）第119766号

福州古厝
FUZHOU GUCUO

作　　者：曾意丹

责任编辑：黄须友　　田成海　　陈稚瑶　　连天雄

出版发行：福建人民出版社

电　　话：0591-87533169(发行部)

地　　址：福州市东水路76号

经　　销：福建新华发行（集团）有限责任公司

印　　刷：深圳市国际彩印有限公司

地　　址：深圳市宝安区龙华大浪街道华霆路1号

开　　本：787毫米×1092毫米　　1/16

印　　张：13.5

字　　数：153千字

版　　次：2002年5月第1版
　　　　　2019年6月第2版

印　　次：2022年11月第5次印刷

书　　号：ISBN 978-7-211-07763-2

定　　价：68.00元